ISAAC NEWTON

EL MISÁNTROPO GENIAL

ALICIA NOEMÍ PERRIS

Copyright © EDIMAT LIBROS, S. A.
C/ Primavera, 35
Polígono Industrial El Malvar
28500 Arganda del Rey
MADRID-ESPAÑA

ISBN: 84-9764-585-5
Depósito legal: M-35194-2004

[2005]

Colección: Grandes biografías
Título: Isaac Newton. El misántropo genial
Autora: Alicia Noemí Perris
Coordinador general: Felipe Sen
Coordinador de la colección: Juan Ernesto Pflüger

Diseño de cubierta: Juan Manuel Domínguez
Impreso en: COFÁS

Reservados todos los derechos. El contenido de esta obra está protegido por la Ley, que establece penas de prisión y/o multas, además de las correspondientes indemnizaciones por daños y perjuicios, para quienes reprodujeren, plagiaren, distribuyeren o comunicaren públicamente, en todo o en parte, una obra literaria, artística o científica, o su transformación, interpretación o ejecución artística fijada en cualquier tipo de soporte o comunicada a través de cualquier medio, sin la preceptiva autorización.

IMPRESO EN ESPAÑA – *PRINTED IN SPAIN*

Para Julio, mi compañero, por su afecto incondicional y por hacerme confiar —y creer— en que casi siempre, todo es posible.

PALABRAS PRELIMINARES

Hace unos años, hablando con un alumno, me dijo que la ventaja de estudiar Historia era que, como se trataba de acontecimientos pasados, no había que estar revisándolos continuamente. Lo que había sucedido estaba atado y bien atado y no había que preocuparse de nada más: era la conclusión a la que había llegado. Le expliqué que creía que su comentario y sus ideas estaban muy alejados de la verdad. Incluso y sobre todo la Historia puede reconsiderarse y volverse a interpretar a la luz de nuevos datos o de la misma información pero con otro enfoque.

En el estudio de la Historia, como de otras disciplinas, ni los especialistas pueden garantizar nunca que el trabajo por hacer esté definitivamente terminado. Lo mismo pensé de la biografía de Newton. En un primer momento, a la vista de su vida y de su obra, me pareció que poco se podía añadir sobre la trayectoria de un científico que había muerto hacía más de dos siglos y cuyos hallazgos habían sido profusamente explicados y estudiados por principiantes y expertos. Efectivamente, ¿quién no conoce las leyes del movimiento o de la gravitación universal, sus teorías sobre óptica, el famoso binomio, los diferentes cargos que desempeñó para la corona inglesa, sus altercados con próximos y ajenos, la revisión que llevó a cabo de las teorías anteriores —desde Aristóteles hasta Galileo y más— para refutarlas, mejorarlas, dejarlas de lado?

Newton es un personaje proteico y su figura ilumina la historia de la ciencia porque, como él decía, «si vio tan lejos, fue porque se subió a hombros de gigantes». El profesor de Cambridge y los científicos de su tiempo resumen y mejoran el saber hasta el siglo XVII e irrumpen en el XVIII para hacer posible la Enciclopedia, la Revolución Francesa y la Revolución Industrial.

Plantear esta nueva biografía, deudora en buena parte del trabajo ingente de los biógrafos anteriores de Newton, algunos realmente inmejorables, como Westfall o White, incluidos con otros buenos autores en la bibliografía, se debe a que he pensado que se podía llevar a cabo todavía, aunque más no fuera, una pequeña aportación. Ésta se desarrolla sobre todo en los anexos, que ofrecen al lector interesado la posibilidad de reconstruir su propia biografía del sabio, sin tener que recurrir obligatoriamente a la tradicional lectura cronológica y ordenada de forma convencional. Los anexos, efectivamente, aportan datos e información que a veces no suelen aparecer en las biografías tradicionales.

Por otra parte y a la vista de los tiempos tecnológicos en que nos movemos, me pareció indispensable incluir en la bibliografía una serie de referencias a posibilidades de búsqueda en Internet, así como información sobre el cine que exploró la época en que le tocó vivir a Newton. Las dos películas que se citan, *Restoration* y *Cromwell*, no son las únicas, pero constituyen una muestra emblemática de los sucesos y los avatares que convulsionaron el siglo XVII.

He procurado situar al personaje en la época en que vivió y produjo su obra, teniendo en cuenta que los individuos no son sino actores o protagonistas en un gran fresco coral que es la Historia. En ese sentido esta biografía, pensada para el gran público y no para expertos, que ya sabrán —y mejor— lo que aquí se cuenta, dedica una buena cantidad de páginas a investigar los descubrimientos científicos anteriores y contemporáneos de Newton, así como procesos históricos, sociales, económicos y políticos que impregnaron el antes y el después de la existencia del científico.

En la confianza de que el lector o lectora interesados puedan realizar una relectura de la vida y la obra del científico inglés en mi compañía, aunque sea a la distancia, confío en que, como hacían los dramaturgos clásicos, los errores me sean apuntados y los hallazgos y logros se adjudiquen a otros.

Copérnico había contribuido a replantear la concepción aristotélica del universo, pero Newton con su teoría de la gravitación también aportó su grano de arena.

Newton contaba con Dios para organizar algunos importantes fenómenos del cosmos, pero su concepción era eminentemente científica y no religiosa, aunque las cuestiones religiosas le ocuparon buena parte de su vida. La ciencia y la religión en el advenimiento del siglo XVII habían llevado a cabo una especie de reconsideración mutua, de la misma manera que se habían reorganizado las relaciones de clases entre la nobleza tradicional y la burguesía ascendente que buscaba un papel político que desempeñar. Las clases menos favorecidas, obviamente, seguían buscando un lugar al sol, pero la historia no estaba escrita para ellos. La ciencia y el hecho religioso van localizando cada uno su nicho de actuación y este nuevo modelo llegará hasta las teorías de Darwin en el siglo XIX. El mérito de Newton fue imprimir dinamismo al universo, despojándolo del estatismo al que había sido sometido tradicionalmente.

Se acaba el feudalismo como orden social, pero también el modelo rígido de las verdades científicas y filosóficas inmutables. Cambia el perfil del científico, convertido ahora en un nuevo demiurgo, cuya imagen casa perfectamente con el individualismo emergente del capitalismo económico y el liberalismo político en ciernes.

El universo, tal y como lo concebía Newton, no era el mejor de los mundos posibles como expresaba el *Cándido* de Voltaire, pero sí un paradigma que podía responder perfectamente a sencillas leyes matemáticas.

La teoría atómica, las leyes de la electricidad y el magnetismo se edificaron sobre la base de los hallazgos newtonianos. Sin embargo, las investigaciones del científico inglés presentaban también un sesgo desfavorable: su omnipotencia y solvencia científicas eran tan indiscutibles, que por mucho tiempo la ciencia no volvió a permitirse crecer, excepto fuera de los límites de sus hallazgos.

Fue con la llegada de Einstein cuando los presupuestos newtonianos empezaron a ser revisados. Algunos autores estaban preocupados por otros aspectos aparte de los estrictamente científicos o filosóficos de Newton, como John D. Bernal, quien en su «Historia social de la ciencia», escribe:

El más inmediato efecto de las ideas de Newton se dio en los terrenos político y económico. Tal como fueron expuestas, llegaron a crear un escepticismo general en la autoridad y a fomentar la creencia en el «laissez faire», que disminuyó el prestigio de la religión y el respeto a un orden de la sociedad impuesto por constitución divina.

A través de Voltaire, que fue el primero en introducirlas en Francia, contribuyeron directamente a la Ilustración y, por lo tanto, a las ideas de la Revolución Francesa. Y siguen siendo en nuestros días la base filosófica del liberalismo burgués.

Si miramos desde el siglo XVII hacia atrás, el mundo feudal y el orden clásico esclavista se desplomaron socialmente para producir posteriormente un efecto dominó en el sentimiento religioso y el modelo científico que ya había comenzado en el Renacimiento, como volveremos a ver más adelante. A partir de entonces, todo el universo era susceptible de una nueva reformulación científica y filosófica.

El campo de trabajo de la ciencia del siglo XVII se abría sobre las ideas y las personas. Pero Newton no estaba solo y tuvo la fortuna de sentirse acompañado o combatido, según el caso, por una pléyade de científicos en cuyas manos estaba la nueva concepción del universo y, como había sucedido ya en el Renacimiento, la redefinición del papel del hombre en el cosmos.

Hay en la diversidad una unidad en la ciencia de la época, que hombres como Wren, el arquitecto, contribuyeron a establecer junto con los *virtuosi* o científicos de su tiempo. Había por entonces una concepción científica —y matemática— que probablemente proviniera directamente del mundo griego y recogía los descubrimientos de las civilizaciones más antiguas, algunas orientales, como la hindú, la china o la árabe, que pocas veces citamos, porque tenemos una perpetua referencia eurocéntrica. Sin embargo, uno de los aspectos perversos del matematismo del mundo del siglo XVII podía referirse a la ignorancia de los fenómenos que no tuvieran vinculación o reducción al paradigma matemático.

Expresa John D. Bernal en su libro citado:

Los aspectos de la experiencia que no podían ser reducidos a las matemáticas tendían a ser ignorados, e incluso se tendía a aplicar un tratamiento matemático a ciertos aspectos para los que éste no era admisible, a veces con ridículos resultados.

Parece que la ciencia, y dentro de ésta más concretamente las matemáticas, se había convertido en una cuestión de Estado. Como exclama Napoleón I, en una cita de *Historia de la matemática* de Carl B. Boyer, *El progreso y el perfeccionamiento de las matemáticas están íntimamente ligados a la prosperidad del Estado*. Y en los asuntos vinculados a la organización del Estado el famoso militar era una autoridad indiscutible.

Con el auge de los estudios matemáticos, los científicos del siglo XVII se volcaron en ámbitos de investigación como la astronomía, en detrimento de otras áreas del saber igualmente necesarias para el progreso y la supervivencia humanas, como la biología o la medicina. La técnica y la práctica superaron en muchos campos a la teoría científica, aunque Newton pudo averiguar la trayectoria de un proyectil sin perder de vista la resistencia del aire.

Sus métodos fueron más prácticos y utilizados en la Segunda Guerra Mundial que en época del propio Newton, aunque la navegación en el siglo XVII sí estaba consolidada, con una tradición que arrancaba desde la época de Isabel I de Inglaterra. A partir de esta época comienza a hacerse presente el mito del «progreso sin fin», que se continuaría en la Revolución Industrial y el positivismo del siglo XIX, apoyado en la creencia de que si el contemporáneo de Spinoza o Descartes había superado con mucho margen a los pensadores clásicos, los medievales y los renacentistas, podía seguir ampliando su horizonte de crecimiento y desarrollo indefinidamente. Johan Valentin Andrae, preceptor de Comenius, pensaba que «era ignominioso desconfiar del progreso».

Bernal escribe sobre este particular:

Se habían redistribuido la riqueza y la pobreza... pero lo importante es que el método de multiplicar la riqueza convirtiéndola en

13

capital había roto ya las restricciones feudales, abriendo el camino a una extensión indefinida.

Los comerciantes y caballeros del siglo XVII, pese a toda su riqueza e interés circunstancial por la ciencia, no fueron hombres que hicieran uso de las nuevas posibilidades, pero abrieron el camino para que un conjunto de manufactureros más humildes utilizaran la ciencia y desarrollaran, de un modo que carecía de precedentes, las técnicas tradicionales de la civilización.

La ciencia y la filosofía, como en el mundo antiguo, seguían conservando su prestigio y estaban consideradas como herramientas para servir al Estado, como pensaba Napoleón.

La religión empezaba a flexibilizarse, preparándose un verdadero cambio que acompañaría paralelamente el diseño político de la Revolución Francesa. Sin embargo, Newton y Descartes o Galileo ya habían comenzado a tomarse ciertas libertades con las concepciones religiosas de su tiempo y el papel de Dios y su criatura en el universo. El hecho religioso estaba empezando a quedar cada vez más restringido al círculo de lo privado, lo ético y lo espiritual.

Es hacia 1609 cuando el nuevo paradigma científico parece por fin generalmente aceptado. Aunque, como sugiere una vez más Bernal,

el propio método (científico) contenía gran cantidad de ideas antiguas que habían influido inevitablemente en los descubrimientos de los primeros científicos y se encastillaron en la nueva filosofía de la ciencia.

Es esta inconsciente reliquia del pasado la que aparece en muchas de las teorías científicas idealistas actuales.

Y puede muy bien ocurrir que la tarea de la ciencia del siglo XX sea derribar el sistema de Newton, al igual que fue la del siglo XVII destruir el sistema de Aristóteles.

Llegados a este punto y superado ampliamente el fin del milenio y comenzado el siglo XXI, cabría preguntarnos: ¿Y nosotros, ahora, cibernautas intrépidos, todavía lastrados por la historia de nuestra propia evolución, en qué estamos?

Efectivamente, y como hemos dicho, el sabio inglés formuló las leyes de la gravitación universal y el movimiento, explicando cómo se mueven los objetos en el universo. Y además sentó las bases de los estudios modernos de óptica y el comportamiento de la luz y construyó el primer telescopio reflector. Sus estudios en matemáticas lo llevaron a centrarse en el área conocida como cálculo (el mismo saber que trabajó independientemente el científico alemán Leibniz).

A Newton le costó mucho decidirse a publicar, lo que le ocasionó grandes problemas de competencia científica con otros especialistas de su tiempo, como veremos más adelante. Pero finalmente se avino a dejar escritas sus ideas en varias publicaciones. Dos de ellas, *Óptica* (1704) y *Philosophiae Naturalis Principia Mathematica* (1687), escrita en latín, se consideran entre las obras científicas más destacadas de todos los tiempos.

Las contribuciones verdaderamente revolucionarias de Newton versaron sobre el universo físico expresado de forma casi omnipotente en términos matemáticos, e insinuaron que la ciencia puede proporcionar explicaciones para otros fenómenos también. Nunca se insistirá lo suficiente en que su genio utilizó sus teorías matemáticas para predecir el comportamiento de objetos en diferentes circunstancias y a continuación comparó sus predicciones con lo que observaba en sus experimentos. Finalmente utilizó los resultados obtenidos para comprobar y, si fuera necesario, modificar sus hipótesis.

Tenía la capacidad de conjugar la explicación de propiedades físicas con medios de predicción. Newton comenzó investigando las leyes del movimiento y la gravitación que observó en la Naturaleza y luego empleó estas leyes para convertir la física, que era una mera ciencia en busca de explicaciones, en un modelo matemático con reglas y leyes. Sus investigaciones exploraron y explicaron los fenómenos de la luz y el color y anticiparon el desarrollo moderno de estas teorías. Además, como se ha explicado, su invención del cálculo proporcionó a la ciencia uno de sus más versátiles y poderosos instrumentos.

El papel fundamental que Isaac Newton desempeña en el mundo de la ciencia de todos los tiempos, se encuentra en la aplicación que hizo de las matemáticas para el estudio de una amplia gama de fenómenos naturales centrados en un gran principio general: la ley de la gravitación.

Casi todos los grandes científicos se han pronunciado sobre la cuestión de las matemáticas. Kant (1724-1804) escribió: «en cualquier teoría particular sólo hay de ciencia real lo que haya de matemáticas». En efecto, volvemos una y otra vez sobre la consideración —que alcanza la seriedad de un acto de fe— que los científicos tenían por las ciencias y las matemáticas en particular. Aunque Albert Einstein (1879-1955), sobre el mismo tema, dejaba escrito algo bastante diferente:

En la medida en que las proposiciones de las matemáticas nos dan cuenta de la realidad, no son ciertas y en la medida en que no son ciertas, no describen la realidad...

Pero es cierto, por otra parte, que las matemáticas en general, y la geometría en particular, deben su existencia a nuestra necesidad de aprender cosas acerca de las propiedades de los objetos reales (en *Aspectos de la Relatividad*, de 1921).

El científico del Trinity College empleó la base de la dinámica o de las leyes de la naturaleza vinculadas al movimiento y su efecto en los cuerpos como la base de un paradigma mecánico del universo. Sus logros en el uso del cálculo llegaron tan lejos y tan pronto, si los comparamos con descubrimientos previos —nunca se insistirá lo suficiente—, que los científicos y académicos lo consideran como el pionero indiscutible en este campo de las matemáticas.

Los trabajos de Newton tuvieron una gran influencia en el desarrollo de las ciencias físicas. Durante los dos siglos que siguieron a la publicación de los *Principia*, sabios y filósofos descubrieron muchas áreas en las que aplicar los métodos de experimentación e investigación del profesor de Cambridge. Gran parte de esta influencia proviene de aquéllos. Los científicos no vieron la necesidad de revisar algunas de las conclusiones de Newton hasta el comienzo del siglo XX, ya que esta nueva consideración de las ideas newtonianas sobre el universo desembocó en la moderna teoría de la relatividad y en la teoría cuántica, relacionadas con los casos especiales de física vinculados a las altas velocidades y a la física de pequeñas proporciones, respectivamente. Para sistemas de dimensiones corrientes, que se relacionan con velocidades que no se aproximan a la velocidad de la luz, los principios que Newton formuló hace casi tres siglos todavía tienen vigencia.

Por otra parte, aunque filósofos anteriores al científico inglés como Galileo y John Philoponus habían utilizado ya procedimientos experimentales, Newton fue el primero en definir y sistematizar explícitamente su uso. Esta metodología produjo un equilibrio adecuado entre la investigación teórica y la experimental y entre la matemática y los enfoques mecánicos.

Newton «matematizó», como vimos, las ciencias físicas, reduciendo su estudio a un procedimiento racional, riguroso y universal, que marcó el alumbramiento de una verdadera Edad de la Razón. Efectivamente, los principios básicos de la investigación establecidos por Newton han subsistido sin casi alteraciones hasta nuestros días. Luego de la muerte del científico, dieron mucho más fruto de lo que él mismo hubiera imaginado. Se convirtieron en la base sobre la que descansa la civilización tecnológica de hoy en día. Incluso, los principios desarrollados por Newton se aplicaron también a las ciencias sociales, influyendo en las teorías económicas de Adam Smith y hasta —según algunos autores— en la decisión que implicó el establecimiento de un sistema bicameral en los Estados Unidos.

Estas últimas aplicaciones de sus teorías, sin embargo, no son tan decisivas si las comparamos con las contribuciones científicas de Newton, siempre según los especialistas más volcados en el mundo de las matemáticas. Los sociólogos, evidentemente, tienen otros puntos de vista.

Por todo lo que acabamos de subrayar, no es exagerado considerar la obra de Newton como la más apasionante contribución a la ciencia moderna. Como escriben en *La Historia de los descubrimientos científicos,* editada por Jack Meadows:

La Revolución Científica fue tan importante para el desarrollo de la Humanidad que los historiadores modernos hacen honor a ello escribiéndolo con mayúsculas.

La nueva forma de ver el mundo que ésta introdujo tuvo una primera tentativa con la publicación de la obra de Copérnico en 1543. Y alcanzó su triunfal aceptación con la aparición de los Principia, *de Isaac Newton, en 1687.*

I. EN UNA ÉPOCA DE CAMBIOS

LA SOCIEDAD Y LA EUROPA DEL SIGLO XVII: RELIGIÓN Y POLÍTICA

En el siglo XVII Francia, Holanda e Inglaterra toman el relevo de Italia y España que habían tenido su momento —un momento bastante largo— durante el Renacimiento.

El Renacimiento, esa mezcla de sangre, fuego, arte y estética, regida por la amoralidad de un diseño político como el de Maquiavelo y su «Príncipe», o por una arquitectura de eficacia militar y diplomática como la de un César Borgia, se hundió irremediablemente cuando fueron necesarias otras respuestas a nuevas preguntas. Los estados de ánimo, a mitad de camino entre la angustia y la esperanza, encuentran su forma de expresión en el Barroco. Se están gestando otras formas de responder a las inquietudes y las necesidades de la modernidad.

La economía sigue siendo prioritariamente agrícola. Inglaterra, que empieza a estar bastante industrializada, tiene cuatro millones de habitantes viviendo de la agricultura, mientras que la población total se cifra en cinco millones de personas. A pesar de este dato, puede comprobarse que continúan las hambrunas. La edad media de vida roza los 30 años y la morbilidad y mortalidad infantiles son alarmantes. En cuanto a los precios, son bastante inestables.

Continúa desarrollándose una sociedad de tipo estamental y hay una burguesía *in crescendo* que poco a poco buscará, como en Francia, un puesto político además de económico con fenómenos revulsivos de importancia, como la Revolución Francesa. Inglaterra sigue dando paso a la Revolución Industrial que trae el ascenso inevitable del capitalismo. La guerra civil es un riesgo en todas partes. Se producen dos revoluciones y una contienda fratricida (que termina con la ejecución del rey) y triunfa el sistema parlamentarista.

Los europeos del siglo XVII son creyentes. Tenían los habitantes europeos de esta época una fe ciega, sin cuestionamientos, aunque poco a poco empezaban las dudas religiosas y el clero se veía más y más cuestionado.

Durante el Renacimiento, en Inglaterra y bajo el reinado de Enrique VIII Tudor, había tenido lugar un nuevo cisma de la Iglesia Católica. Con la excusa de un posible divorcio de Catalina de Aragón, hija de los Reyes Católicos, Enrique desafió prolongadamente a Roma, organizó un nuevo esquema religioso en Inglaterra, independiente del papado y castigó severamente a los súbditos que se empeñaban en seguir defendiendo a ultranza el catolicismo, como Tomás Moro, que murió ajusticiado.

El desarrollo de la conciencia de independencia nacional en todos los países europeos se produjo a la vez que la aparición de gobiernos despóticos. De todos modos, es indudable que las aspiraciones de los gobernantes a ejercer la autoridad absoluta estaban destinadas a provocar la reacción de Roma.

Había también en el cisma protestante un deseo de apoderarse de las riquezas de la Iglesia Católica y un resentimiento por los impuestos papales, lo que se llamaba en parte «el dinero de san Pedro», es decir, una cantidad anual equivalente aproximadamente a un dólar, con la que se gravaba cada hogar cristiano. A algunos alemanes e ingleses los escandalizaba también que la mayor parte del dinero recaudado no fuese invertido con fines religiosos, sino despilfarrado por papas mundanos para mantener cortes lujosas y ambiciones hegemónicas.

Las aventuras y osadías de Alejandro VI, el papa Borgia, habían creado escuela y tradición y —como se dice en la actualidad— alarma social. Pero la causa final del resentimiento hacia Roma y la justificación de la Reforma era financiera y no moral. Ya en pleno siglo XVII, la división entre católicos, anglicanos y puritanos, que también traía consigo una lucha de intereses políticos, es profunda y de una gran beligerancia.

El siglo XVII además se enfrenta, desde el punto de vista del conocimiento, con una revisión de la «razón» y de los modelos filosóficos y de pensamiento.

Las universidades entran en decadencia (como la de Cambridge a la que llegó el joven Newton) y la vida intelectual se localiza —como en Francia— en los salones y las recién creadas Academias. El diseño aristotélico del universo se derrumba y la cultura se hace nacional. Hasta la Biblia se cuestiona y se revisa y se difunde la idea que plasma muy bien Alberico Gentile en *De iure belli* (El derecho de la guerra), 1588: *«silete theologi in munere alieno»*.

Europa se convierte en un continente desgarrado, pero la historia avanza incluso en medio de grandes fracturas ideológicas. Además, en estos tiempos la comunicación no era tan fluida como en nuestra época.

La imprenta había significado un avance de gigantes para el desarrollo del conocimiento, pero en el siglo XVII aparece también otra fuente de contacto entre los dedicados al estudio: las sociedades. Estos grupos de trabajo, como diríamos empleando una expresión muy contemporánea y actual, comenzaron a proliferar en casi todos los países del continente europeo, menos probablemente en España. Fueron verdaderos centros de discusión para contrastar descubrimientos, experiencias científicas e hipótesis.

Con la anuencia de Carlos II, en 1660, un grupo de científicos y estudiosos preocupados por la evolución de la ciencia, funda la Royal Society en el Gresham College de Londres, una institución a la que en el futuro Newton estaría profundamente vinculado. También aparecen las revistas científicas para favorecer el intercambio de experiencias. En 1665, año clave como se verá en la vida de Newton, aparece *Philosophical Transactions*. En principio fue una tarea exclusiva de Henry Oldenburg, alemán que se encontraba radicado en Inglaterra. Había sido nombrado en 1662 secretario de la Royal Society y se ocupaba, entre otras cosas, del intercambio de información con otras naciones. La revista creada por Oldenburg servía para publicar las actividades que tenían lugar en la Sociedad, que no la consideró su portavoz oficial hasta el siglo XVIII.

El latín era el idioma «oficial» de la revista, lengua por excelencia de cultura en la época, verdadera *lingua franca*, que permitía abrir paso a la información sin necesidad de traducciones. La Académie Sociale des Sciences en Francia, también publicaba el

Journal des Sçavants. En Leipzig se empieza a publicar bajo la influencia de Leibniz, los *Acta Eruditorum*.

El Barroco supone una crisis de la sensibilidad que viene a juntarse con las ya expuestas con anterioridad. Es exceso y desbordamiento y búsqueda de lenguajes nuevos para nuevos desafíos sociales y existenciales. El hombre intenta redefinir su situación en un mundo que no podía dejar de ser pesimista.

En una época en la que el *Leviatán* de Hobbes (1651) y el *Criticón* de Gracián marcan una definición de lo humano sin esperanzas, vuelve a resonar en *El hombre es un lobo para el hombre*. El tiempo huye y hace que todo lo humano se vuelva contingente, fugaz y frágil. *La vida humana* —dirá Pascal, el filósofo francés— *no es sino ilusión perpetua y el hombre es disfraz, mentira e hipocresía para sí mismo y para los demás*.

La nueva economía: el mercantilismo. Esta doctrina económica establece como prioridades para el crecimiento de un país, las riquezas en oro y plata, que favorecen la producción nacional, el comercio y la industria. Es una tendencia que sirve al Estado, que, en el siglo XVII, es absolutista. El modelo podríamos encontrarlo en Luis XIV, aunque también hubo absolutismo en Inglaterra y más cuestionado que en Francia por las elites cercanas al jefe del Estado. La dictadura de Cromwell y el reinado de Carlos II son en ese país muestras evidentes de este modelo político.

En cuanto a la filosofía, el cartesianismo es un intento de respuesta al hundimiento de la escolástica medieval, pero acabará ampliando aún más la crisis, ahondando en discusiones teológicas y filosóficas interminables de las que Pascal y Spinoza no son sino un mero ejemplo. De hecho, se comenzaba a gestar el Siglo de las Luces, lenta pero inexorablemente. El racionalismo y el empirismo son las dos grandes corrientes filosóficas de esta época. El empirismo hallará una base apropiada en Inglaterra y a él pertenece Isaac Newton, mientras que el racionalismo ganará adeptos especialmente en Holanda, Alemania y Francia.

II. LA SITUACIÓN EN INGLATERRA

El primero de los Estuardos, continuadores de la dinastía Tudor, había muerto en 1625. Lo sucede su hijo, Carlos I. Pronto se vio envuelto en dificultades con los puritanos y los jefes de la oposición parlamentaria. Como le había pasado a su padre, los impuestos precipitaron la rebelión.

Poco después de su ascensión al trono, el rey tuvo que librar la guerra con Francia. Necesitaba fondos con urgencia. Cuando el Parlamento se negó a concederle más de lo que consideraba necesario, recurrió a los empréstitos forzosos, y a los súbditos que no contribuían, los castigaba obligándolos a alojar soldados o encarcelándolos sin juicio previo. La consecuencia de esta tiranía fue la conocida Petición de Derechos que los dirigentes del Parlamento obligaron a firmar al rey en 1628. Este documento, comparable a la famosa Carta Magna, declaraba ilegales todos los impuestos que el Parlamento no había firmado, entre otras decisiones.

Con esta situación nueva no se arreglaron las dificultades políticas. Se volvieron a exhumar antiguas leyes feudales y, de la misma manera que su padre, el rey provocó el descontento de los calvinistas. Nombró arzobispo de Canterbury a un sacerdote llamado Guillermo Laud, que simpatizaba abiertamente con la iglesia anglicana. A esta decisión siguieron otras también igual de desafortunadas. El resultado fue la rebelión armada de sus súbditos del norte. Con objeto de reunir fondos para paliar esta sublevación, Carlos convocó al Parlamento en 1640, después de muchos años de gobierno absoluto. Sin darse cuenta, se colocó en manos de los sectores más críticos y opositores. Los representantes de la Cámara de los Comunes decidieron hacerse cargo del gobierno del país y tomaron medidas severas. En otras, dictaron una ley que obligaba al rey a reunir el parlamento cada tres años. Carlos respondió intentando hacer prisioneros a algunos de los cabecillas. Los responsables escaparon pero ya se había producido la desconfianza y la fractura entre el rey y sus súbditos. Ambos bandos reunieron tropas y se aprestaron a la batalla.

La guerra civil duró desde 1642 hasta 1649. Fue un conflicto a la vez económico, religioso y político. Del lado realista se alineaban los nobles y los terratenientes, los católicos y los anglicanos más fieles. De parte del parlamento los comerciantes, los fabricantes, es decir, la burguesía, la mayor parte de la cual pertenecía a la religión presbiteriana o puritana. Al principio venció el ejército del rey, debido a su experiencia y formación militar. Pero seguidamente triunfaron los parlamentarios y el rey se vio obligado a rendirse. Sin embargo, los presbiterianos eran partidarios de volver a autorizar que Carlos continuase en el poder, mientras que los puritanos, cuyo jefe era Oliverio Cromwell, desconfiaban del rey y exigían libertad religiosa para todos. Carlos reanudó la guerra en 1648, pero la segunda derrota fue definitiva. El rey fue juzgado y ejecutado. Inglaterra se constituía así en una república oligárquica. Había finalizado la primera etapa de la revolución puritana.

Se otorgaron a Cromwell poderes prácticamente ilimitados y pasó a ejercer una soberanía mucho más despótica que cualquiera de los reyes Estuardo. Al declarar que su autoridad provenía de Dios, estaba restaurando el derecho divino de los reyes. Tres fueron las causas que posibilitaron que Cromwell pudiera mantenerse tanto tiempo en el gobierno: la fuerza del ejército a su servicio, las ventajas comerciales que concedió a la clase media y sus victorias internas y externas contra los españoles y holandeses.

Cromwell falleció en 1658 y su hijo, que lo sucedió, no logró seguir controlando la situación política de Inglaterra. La continuación fue un período conocido como la Restauración, donde gobernaron los sucesores de Carlos: su hijo Carlos II y Jacobo II. Pero a pesar de sus comienzos favorables, los problemas anteriores no habían sido resueltos y la estabilidad previa a los conflictos internos de Inglaterra no se había recuperado.

Los dos Estuardos parecieron inclinarse en exceso a favor de los católicos y cuando la segunda esposa de Jacobo II, que era católica, dio a luz a un hijo varón, sólo el destronamiento del rey parecía poder impedir la hegemonía de este grupo religioso. La revolución que tuvo lugar, entre 1688 y 1689, sin embargo, fue incruenta. Un grupo de políticos de las clases media y alta invitó secretamente al príncipe Guillermo de Orange y su esposa María, hija mayor de Jacobo II, a que gobernaran también en Inglaterra. Guillermo se trasladó desde Holanda con un ejército sin disparar un tiro. El parlamento declaró vacante el trono inglés y entregó el trono a los nuevos soberanos. Este organismo de gobierno, sin embargo, siguió legislando a favor de la libertad de los súbditos en una cadena de decisiones que superaban los logros de la Petición de Derechos de 1628.

La Revolución Gloriosa contribuyó mucho a que se produjeran las revoluciones norteamericana y francesa a finales del siglo XVIII. En resumen, el éxito de la revolución supuso el triunfo de las libertades políticas, religiosas y económicas. La clase más beneficiada fue la burguesía, así como la Iglesia Anglicana. El puritanismo que había protagonizado la revolución de 1642 fue relegado y muchos de sus partidarios se vieron obligados a emigrar.

Después del reinado de la reina Ana, la que nombrara caballero a Newton, la corona descansa en las manos de la dinastía de Hannover y se echan las bases que fundamentaron el parlamentarismo moderno. Inglaterra se convirtió en la primera potencia comercial y capitalista. Su sistema político parlamentario basado ya en una especie de «contrato social», como preconizaba J. J. Rousseau y no en la monarquía de derecho divino, era el modelo a imitar.

Los teóricos del liberalismo, como Locke, y los científicos, como Newton, abrieron finalmente las puertas a la Ilustración europea.

La familia de Newton, realista en tiempos de la guerra civil, consiguió, sin embargo, mantenerse a flote en estos tiempos de cambio y, de hecho, el científico comenzó pronto a formar parte de las elites gobernantes, cercanas siempre al poder y a su ejercicio.

III. UNA FAMILIA PECULIAR

La infancia de Isaac Newton está aceptablemente documentada y, en general, todos los autores están de acuerdo en los hechos fundamentales. Nació poco después de la medianoche del 24 de diciembre de 1642. Su alumbramiento fue prematuro y nadie que estuviera presente en el parto pensó que su vida se alargaría demasiado. Su llegada al mundo no fue excesivamente propicia, ya que, hijo póstumo, su padre había muerto tres meses antes del parto de su madre, Hannah Ayscough.

Newton parecía tener pocas posibilidades de sobrevivir. John Conduitt, el marido de su sobrina, lo relata de esta manera: *Sir I. N. me dijo que le habían contado cómo, cuando nació, cabía en una jarra de cuarto y era tan débil que debía llevar un collarín alrededor del cuello para mantenerlo entre los hombros...* Fue bautizado el 1 de enero de 1643 y los primeros días de su vida estuvo, por así decirlo, muy cerca de la muerte.

Su padre, que también se llamaba Isaac, era analfabeto y según algunos también «extravagante y débil» y provenía de una familia campesina que había conseguido medrar. Su madre tenía, en origen, una mejor situación monetaria, pero esto no la hacía excesivamente dispendiosa y sabía hacer economías, modelo de comportamiento que, en su día, también copiaría el pequeño Isaac en su quehacer público y privado.

La familia de Newton no estaba en la miseria. Su lugar natal, Woolsthorpe, era amplio y confortable, pero la verdadera desgracia sería, para el sabio, ser un hijo sin padre y que su madre se volviera a casar bastante pronto, cuando él tenía tres años.

Se ha llevado a cabo una genealogía bastante meticulosa de la familia Newton, incluso por él mismo. En ella aparecen tíos, abuelos y otros familiares, acompañantes todos de un proceso que verá en poco tiempo cómo la familia del sabio se sitúa entre una minoría de agricultores que mejoró su condición social y económica.

La familia Newton va aumentando poco a poco sus riquezas y también su descendencia, ya que se trata de una parentela abundante. Su padrastro, un hombre con buena situación económica, al que toda su vida odió sin concesiones, Barnabas Smith, era el párroco de South Witham, cercano a Woolsthorpe. El flamante marido de su madre decidió que ésta se trasladara a su nuevo domicilio conyugal, dejando al pequeño Isaac con algunos miembros de su familia materna.

Smith poseía una biblioteca, aunque no puede decirse que fuera culto. Había intentado borronear algunas notas en un cuaderno —Newton le dio el nombre de «cuaderno baldío»—, que más tarde fue aprovechado por el joven científico para anotar sus primeros apuntes sobre cálculo y mecánica. La riqueza del padrastro le consiguió a Newton el aumento de su patrimonio, que no hubiera tenido probablemente con su padre verdadero. Smith nunca quiso saber nada del niño del primer matrimonio de su mujer y la recuperación de la madre del pequeño tendría lugar a partir de la muerte de su padrastro. Pero entonces Newton sólo era uno más entre los vástagos de poca edad de su madre, que tenía que repartirse entre ellos. Esta decisión marcaría profundamente toda la vida del científico, ya que Hannah se dedicó en exclusiva a sus nuevos hermanos y sólo volvió a compartir casa con Newton, a la muerte de Smith.

Estos sucesos probablemente determinaron el carácter posterior de un niño doblemente abandonado y castigado por la pérdida real del padre y la desaparición y abandono de su madre. De hecho, muy pocas veces Newton hablaba de su niñez y su temperamento fue desde pequeño introvertido y austero, cuando no hostil en el trato personal y social. Los años, como suele suceder en estos casos, no menguaron su resentimiento y a menudo fantaseaba, incluso en la vejez, con la idea de matar a su padrastro para rescatar a su madre, sentimientos que hubieran hecho las delicias de un psicoanalista si en aquel tiempo —tan lejano de Freud y sus teorías— hubiera podido tenerlo.

Como consecuencia de todos estos sucesos, la infancia de Isaac fue solitaria y con pocos amigos, aunque esta circunstancia redundase, muy probablemente, en una temprana dedicación e interés por las maquetas y los artilugios, que posibilitaron su habilidad posterior para el desarrollo de un espíritu científico del que ninguna ciencia o maestría estaban ausentes. Su primer telescopio nació de estas primeras inquietudes infantiles, así como las lentes que usó en sus conocidos experimentos sobre los fenómenos de la luz.

Afortunadamente para él, aunque puede ser que un poco tarde para su desarrollo emocional, su padrastro murió cuando Newton tenía diez años. Dos años después el físico fue a vivir con un tío suyo, para recibir clases en el instituto Grantham. No fue entonces un alumno destacado, tal vez porque —como diríamos hoy— no se sentía motivado por las asignaturas que le enseñaban. Su maestro, Henry Stokes, lo consideraba miembro de su peor grupo de alumnos, aunque, como ya más mayor vivió en casa del farmacéutico Clark, cuya esposa era amiga de Hannah, tenía acceso a muchos libros que le abrieron el camino al saber y a su futura inserción en Cambridge.

Callado y aislado, nunca cosechó muchas amistades en el instituto, donde aprovechaba su tiempo libre para dedicarse a fabricar ingenios y juguetes. Sin embargo, antes de llegar a los catorce años, tuvo lugar una pelea con un alumno mayor de otra clase, al que dejó fuera de juego, a pesar de su constitución menuda. Este abandono temporal de su enclaustramiento y el escarmiento que le diera al otro alumno, le granjeó el reconocimiento de condiscípulos y profesores, ya que también superó al contrincante en el rendimiento escolar, según relata John Conduitt, casado con una sobrina del genio y, a la sazón, uno de sus biógrafos más clásicos.

También es posible que tuviera por entonces una relación romántica adolescente con la hijastra del farmacéutico, Catherine Storey, que terminó cuando Newton partió en busca de nuevos horizontes. Es probable que fuera la única relación con una mujer en el plano sentimental, ya que la otra que se le conoce, fue con una sobrina, a la que lo unían exclusivamente vínculos paternales.

La adolescencia lo encuentra, como a muchos jovencitos, emborronando cuadernos y carpetas con escritos variados, parte de la copiosa documentación que dejó Newton para la posteridad. Y mientras tanto su cabeza empezaba a diseñar máquinas, experimentos y sueños. Muchas de las máquinas y artilugios que le gustaba diseñar, los encontró en el libro *The mysteries of Nature and Art* (Los misterios de la naturaleza y el arte), de John Bate.

Conduitt también escribe un párrafo sobre esa época de Newton:

Su genio empezó a desarrollarse rápidamente y a brillar con más intensidad. Según él mismo me contó, tenía un talento especial para escribir versos... Cualquier tarea que acometía, la realizaba con la intensidad que le era propia, y excedía las expectativas más optimistas que su maestro se había creado.

IV. UN GRANJERO QUE NUNCA LO FUE

Aunque sus comienzos como estudiante no fueron brillantes, poco a poco Newton fue ganándose el aprecio de sus profesores y compañeros, al tiempo que leía las teorías de los científicos más relevantes, tratando de buscar explicación a problemas matemáticos, físicos o químicos. El profesor Stokes tuvo que cambiar la primera impresión que tuvo de su aplicación en el instituto y llegó a reconocerlo como uno de sus alumnos más destacados. Sin embargo, esta trayectoria no impidió que su madre volviera a considerar que su primer hijo se dedicara a cuidar de la granja familiar, actividad para la que no parecía tener ningún talento o interés.

El primer biógrafo de Newton, W. Stukeley, escribe:

Entretanto, el señor Stokes, que lo apreciaba mucho, pedía con insistencia a su madre que le permitiera volver a sus estudios, que era el camino más adecuado para sus aptitudes.
Le dijo que era una gran pérdida para el mundo que un genio se dedicara a las tareas del campo, y que, además, sería un intento vano, ya que aquel trabajo era claramente opuesto a su carácter. Y que la única forma de que pudiera mantener o aumentar su fortuna sería que asistieran a la universidad.

Probablemente la tierra de su infancia, donde había nacido y se había criado, por todas las razones que hemos enumerado, nunca había sido fecunda y acogedora para él.

V. LOS ESTUDIOS. CAMBRIDGE

Isaac contaba para su suerte, efectivamente, con personajes a su alrededor como su tío o Stokes, que siempre fueron conscientes de su valía y su capacidad para el estudio. Humphrey Babington, clérigo y hermano de la señora Clark, se convirtió también en uno de sus mentores, con quien estableció una buena relación.

A la madre de Newton no le faltaban recursos económicos, pero le pareció bien que Isaac prosiguiera su formación realizando trabajos de servicio para compañeros más pudientes y así pagar sus estudios sin ocasionar ninguna carga a la familia. Y de esta manera pasó a formar parte del alumnado destinado a servir a otros para poder estudiar, status al que se le daba el nombre de «sizar». Sin embargo, Newton estaba acostumbrado a que lo sirvieran y no a servir. Es probable que este cambio de status aumentara su ya clásica y conocida inclinación al aislamiento. Además, el profesor Frank Manuel piensa que Newton sufría de sentimientos de baja autoestima y de culpa. Contaba ya con el bagaje de un puritanismo que, fértil en esa época, formaba parte intrínseca de la personalidad del joven.

De esta manera entró en la Universidad de Cambridge, cuando tenía dieciocho años. Corría el año de 1661. No es raro que el joven científico eligiera el Trinity, el College más conocido de Cambridge. Buena parte de su educación quedaría monopolizada por la dedicación al latín, que era la lengua culta por excelencia en la época, aunque también se forjó un buen conocimiento de la lengua hebrea y el griego.

La Licenciatura en Artes del Trinity incluía además un plan de estudios dividido en retórica (el primer año) y lectura y escritura, poesía, historia y drama. Los dos cursos siguientes incluían la dialéctica, pero no se olvidaban las Sagradas Escrituras ni a Aristóteles. El cuarto curso estaba dedicado a la filosofía, que en esos tiempos abarcaba matemáticas, física, ética y metafísica. Dentro de las matemáticas estaba el cuadrivium típico de los griegos, es decir, aritmética, geometría, música y astronomía.

Newton llegó a Cambridge el 4 de junio de 1661 y empezó a descubrir la ciudad. No era grande, pero para el adolescente era muy diferente de las proporciones a que estaba habituado en su pueblo de Lincolnshire.

Como siempre ha sido, la Universidad también estaba poblada por juerguistas, y no sólo por aquellos alumnos que querían aprender. Su educación puritana le impedía a Newton formar parte de esos estudiantes que pasaban el tiempo entre la fiesta continua, el alcohol y el humo de las tabernas. Y una vez más en su vida fue diferente y se sintió al margen de los acontecimientos que ocupaban el tiempo de sus compañeros. Sin embargo, encontró en John Wickins, con quien compartía la habitación en el Trinity College, un apoyo y una compañía. Poco a poco hizo concesiones y empezó a compartir algunas de las actividades de sus compañeros.

Estaban todavía lejos los años en que se convertiría en profesor de la universidad, que lo tendría como huésped hasta finales del siglo. Lo imaginamos a menudo dirigiéndose también a la biblioteca Wren, del Trinity, en busca de más libros y más información para sus inquietudes científicas. En el Trinity también había realizado sus estudios su tío materno, William Ascough, que lo había ayudado a convencer a Hannah para permitirle seguir estudiando.

La universidad también sufrió los avatares de la guerra civil, de la que ya hemos hablado anteriormente. Cada uno tomó partido y se cree que alrededor de 250 profesores fueron apartados de sus cargos cuando terminó la contienda. Como siempre, fueron el saber y la cultura los primeros perjudicados, ya que los antiguos docentes fueron reemplazados por otros nuevos sin experiencia y sin bagaje científico.

Todos los alumnos tenían un tutor en la universidad, pero el suyo, Benjamín Pulleyn, profesor de griego, no iba a dejar una huella profunda en el joven Newton. Newton aprendió más de forma autodidacta que de sus maestros de entonces. En los comienzos también tuvo tiempo para redactar el «cuaderno de notas filosófico», especie de gran base de datos que incluía desde el diseño de un artilugio hasta una receta de mermelada.

Isaac Newton, de Van der Bawr.

También tuvo acceso a los mejores volúmenes que venían de Europa y en una época en que comienza sus experimentos, une las nuevas tendencias de la ciencia moderna que se basan no sólo en las grandes ideas de René Descartes sino también en los experimentos de Bacon o Galileo.

Se dedica con pasión al desarrollo de sus propios experimentos, olvidándose incluso de comer y dormir, como cuentan sus múltiples biógrafos. Humphrey Newton, ayudante del sabio, escribe:

Nunca le vi entretenido con cualquier pasatiempo; ni siquiera montar a caballo para tomar el aire, o pasear, o jugar a los bolos, o hacer cualquier otro ejercicio. Pensaba que todo pasatiempo era tiempo perdido para sus estudios.

Comienza los trabajos con prismas, que dejarían nuevas concepciones sobre el arco iris y la luz, y dedica buena parte de su tiempo de estudio nocturno a la observación de los planetas.

Un esfuerzo intenso le merece el estudio de las matemáticas, que registró en un cuaderno que había sido usado por su padrastro, el así llamado «cuaderno de desechos». Las matemáticas acompañarían a Newton durante toda su vida, aunque, como escribió C. Friedrich Gauss (1777-1855), en una carta a Bessel, *no debemos olvidar jamás que... todas las construcciones matemáticas no son más que nuestras propias creaciones.*

En 1665 sus estudios abarcaban la astronomía, la física y las matemáticas. En esta última disciplina, se orientaba especialmente a las series infinitas, el cálculo y la suma de curvas infinitesimales.

Después de su período convencional de estudios, Isaac Newton nunca se planteó volver a ocuparse de su granja de Lincolnshire. Para seguir en la universidad, que era su objetivo prioritario, debía quedarse ya como docente. Consiguió una beca de estudios, lo que le dio la posibilidad de tener comida y alojamiento gratis y en la primavera de 1665 obtuvo su título de Bachiller en Artes, unos estudios equivalentes a una licenciatura. La maestría en artes, posterior, le franquearía el paso para la enseñanza. Pero la peste marcó para todos un inevitable compás de espera.

VI. LA PESTE: UN FECUNDO COMPÁS DE ESPERA

En el año 1665 la Gran Peste (la peste bubónica) volvió a enseñorearse de Europa y después de cruzar el Canal de La Mancha, llegó también a Londres. La conocida enemiga atacó por igual a ricos y pobres, a hombres y mujeres, a jóvenes y viejos, abriéndose paso y sembrando la desolación y la muerte. Fue el mismo año que Newton obtuvo el título de Licenciado en Artes y cuando interrumpió, por la epidemia, sus primeros experimentos en Cambridge. La Universidad cerró sus puertas y el científico regresó a Lincolnshire, donde siguió investigando.

Según Michael White, uno sus biógrafos más críticos, *Cambridge enseñaba una física basada en el dogma cristiano y la filosofía natural de Aristóteles.* Sus contemporáneos seguían pensando que *Dios estaba en la base de todo, supervisando cualquier movimiento y las teorías de la estructura atómica de la materia eran tabú.*

Empezó a desarrollar el método científico moderno —observación, experimentación e hipótesis— y propuso las leyes básicas de la mecánica moderna, unificando las ideas de Galileo y la arquitectura planetaria de Kepler, trabajando con el concepto de gravedad y de la fuerza universal de atracción.

Ninguna inquisición intervino para frenar a Newton, como había sucedido 30 años antes con Galileo, por relegar a Dios a un papel mucho menos protagonista en el orden del universo. Newton manejó con cuidado cualquier implicación sospechosa de ateísmo de la nueva ciencia. Las nuevas leyes de la dinámica y la mecánica permitieron una comprensión mayor de los fenómenos científicos, y por lo tanto un control más eficaz de la intervención humana. Ambas cosas eran del agrado de la clase industrial y comerciante en ascenso que había emergido directamente de la revolución inglesa. Newton, con destreza e inteligencia, dejó espacio para la ciencia en un mundo con Dios. Por otra parte, la física newtoniana era fundamental para el desarrollo tecnológico que hiciera factible la evidente revolución industrial en ciernes, especialmente en el campo de la balística, la minería y la navegación.

Hay quien opina, como John Maynard Keynes, economista de Bloomsbury, que Newton no fue el primero de los científicos modernos, sino «el último de los magos». Pero sobre este tema volveremos más adelante.

En cuanto a su formación, Newton no había estudiado matemáticas antes de llegar a Cambridge, pero había entrado en contacto con la Lógica de Sanderson, que se leía con frecuencia como una preparación previa. También se volcó en Euclides, que le pareció al principio bastante obvio, y Clavis de Oughtred. Además, leyó la Geometría de Descartes y aún antes de graduarse, la Óptica de Kepler, los trabajos de Vieta, las Misceláneas de van Schooten y la *Aritmethica Infinitorum* de Wallis. Acudía, a la vez, a las conferencias de Barrow, uno de sus mentores. Leyendo a Euclides con mayor detenimiento, se formó una opinión excelente de esta obra como instrumento formativo y expresó su pena por no haberse dedicado con más intensidad a la geometría antes de comenzar a trabajar en el análisis algebraico.

Hay un manuscrito fechado el 28 de mayo de 1665, que se considera el primer documento probatorio de la invención de su teoría del cálculo. Era más o menos la misma época en que descubrió el binomio, es decir, la expresión consistente en dos términos unidos por un signo + o –, por ejemplo, b + c, y – x.

En el período que Newton vivió en su casa debido a la peste, realizó grandes descubrimientos. Estudió los principios fundamentales de la teoría gravitacional, es decir, que cada partícula de materia atrae otras partículas, y supuso que la atracción variaba según el producto de sus masas, inversamente al cuadrado de la distancia entre ellas.

En Cambridge, Newton había estado valorando que algunas fuerzas de la naturaleza actúan a distancia. Iba creciendo la opinión de que existían fuerzas que actuaban de esta manera, por ejemplo, la fuerza que mantiene a los planetas en sus órbitas.

Cuando en el jardín de su casa natal, Newton vio cómo una manzana caía sobre su cabeza (o eso cuenta la leyenda) el aprendiz de alquimista tomó conciencia de que la manzana había sido atraída hacia la tierra por la misma fuerza invisible que mantiene a la luna y a los planetas en sus órbitas: la fuerza de la gravedad. Nada parecía tener sentido, pero después de meditar sobre el asunto, como era su costumbre, el científico inglés pensó que tenía que haber otra fuerza que empujara a los planetas hacia fuera, igual de potente que la fuerza que los atraía. La llamó fuerza centrífuga, que aleja al objeto de su eje de rotación y sólo funciona cuando un objeto gira alrededor de otro con suficiente velocidad. Esta fuerza se debilita a medida que aumenta la distancia entre los objetos. Según sus conocimientos de matemáticas, muy avanzados ya, dedujo que si un planeta estaba más alejado del sol que otro, sufriría solamente la cuarta parte de la atracción gravitatoria. Si razonaba apropiadamente, Newton descubriría que la gravedad obedecía a una «ley cuadrática inversa».

Dampier escribe sobre el científico:

Newton fue el primero en ver claramente que la explicación a un hecho, si es necesaria o posible, llega en la última fase del razonamiento. Él partía de hechos conocidos, configuraba una teoría adecuada que pudiera ser expresada en términos matemáticos, deducía sus consecuencias matemáticas y lógicas; las comparaba de nuevo con los hechos por medio de la observación y la experimentación y comprobaba si la concordancia era completa.

También trabajó en cálculo, según la información encontrada en un manuscrito de noviembre de 1665. Lo utilizó para descubrir la tangente y el radio de curvatura de cualquier punto en una curva y en octubre de 1666 los aplicó a diversos problemas en la teoría de ecuaciones. Newton comunicó estos hallazgos a amigos y alumnos desde y después de 1669, pero no fueron publicados hasta muchos años más tarde. También en esta época diseñó algunos instrumentos de lentes y probablemente descompuso la luz solar en diferentes colores.

Fue en su casa natal, durante este año de forzada pausa por la peste, 1666, cuando Newton tuvo su *annus mirabilis*. Esto forma tal vez parte de una leyenda, porque ya estaba dándole vueltas a muchas de sus ideas antes de la epidemia, durante 1664 y bastante después de que ésta acabara, pero, de todas formas, no se puede decir que 1666 no fuera un año fructífero para el sabio.

Efectivamente, durante estos dos años de estancia en Woolsthorpe, también estudió los fenómenos del prisma y de la luz, que se desarrollarán en un capítulo posterior. Fue una etapa de gran concentración en su trabajo, que no era, sin embargo, el resultado de la gracia de la Divina Providencia sino la recompensa por varios años de estudio. Newton lo dijo de esta forma: *mantengo el tema constantemente delante de mí y espero hasta que los primeros destellos se abran lentamente, poco a poco, hasta una luminosidad completa.*

Otro fenómeno ajeno a la voluntad y el interés de los humanos se produjo también en este año (1666), el gran incendio de Londres, el 2 de septiembre, antes de que terminara la peste. El incendio se originó en la panadería de Pudding Lane, en el centro de la ciudad. A partir de ahí, se extendió por toda la ciudad y se quemaron más de 13.000 casas.

Newton parecía flotar en medio de las catástrofes, igual que su familia y su patrimonio, que sobrevivieron a los avatares políticos y sociales que tuvieron lugar en la Inglaterra de los Estuardo y la Restauración. Como escribe Richard Westfall en su biografía «Nunca descansa»:

Lo importante de Newton es que reconoció su propia capacidad, porque comprendió el significado de sus logros.
No se comparó simplemente con aquellos con los que convivía en Cambridge, sino que lo hizo con los grandes científicos europeos cuyos libros había leído.

Fue un descubrimiento inenarrable, fundamental. Gracias a estos hallazgos sobre la luz y sus nuevos avances matemáticos y a la intempestiva aparición de una epidemia que fue doblemente generosa con él (lo respetó como ser vivo y le dio tiempo libre creativo), Newton volvió a Cambridge con 25 años y un futuro brillante por delante. Ascendió meteóricamente, gracias también a las influencias de su protector, Isaac Barrow, profesor de matemáticas del Trinity College. Empezaba otra etapa en la vida del joven científico.

VII. LA CÁTEDRA LUCASIANA

En 1663, Henry Lucas pensó en crear una cátedra de matemáticas en el Trinity College, y así nace la Cátedra Lucasiana dedicada a esa ciencia. La obligación del catedrático que ocupara el puesto era la de impartir clases una vez por semana de alguna disciplina matemática y estar disponible para una especie de tutorías, donde podría aclarar dudas a los alumnos.

La primera persona que accedió a la cátedra Lucasiana fue Isaac Barrow, que luego fue reemplazado por Newton en 1669, cuando aquél la dejó para intentar convertirse en decano del Trinity. Después del transcurso de los siglos, la cátedra todavía sigue gozando de un enorme prestigio.

Isaac Barrow apoyó a Newton sin concesiones y podría decirse que casi desde el comienzo. Barrow, que falleció prematuramente (1630-1677), era un gran científico que además era sacerdote. En 1649 ya era catedrático. En 1655 realizó un viaje por Europa, gracias a la ayuda de una subvención. Tuvo problemas en la universidad en un momento crítico, por no aliarse con los puritanos, a pesar de estar de acuerdo con ellos. Pero cuando ocupó el trono Carlos II, fue nombrado profesor de griego a la vez que se convertía en sacerdote. Prefigurando los futuros pasos de Newton, a quien le abrió camino, será también nombrado miembro de la Royal Society.

Cuando a Newton le tocó dar su primera clase, optó por explicar Óptica, pero no puede decirse que habitualmente tuviera mucha audiencia.

Al profesor Isaac Barrow le llegaban libros especializados de todas partes del mundo.

Nicholas Mercator da a conocer en 1668 la obra *Logarithmotechnia*, que trataba temas que ya en su momento Newton parecía haber resuelto.

Newton, a su vez, tratando de defender la autoría de esos conceptos, escribe *De analysi per aequationes numero terminorum infinitas* (De los análisis por igualdades con un número infinito de términos). Esta obra se publicó bastante tardíamente en 1711. Posteriormente el sabio publicó *De methodis serierum et fluxionum* (Del método de series y fluxiones) y finalmente en 1690 *De cuadratura curvarum* (De la cuadratura de las curvas), que no fue impreso hasta el año 1779.

VIII. ANTECESORES Y CONTEMPORÁNEOS ILUSTRES: AMIGOS Y ENEMIGOS

La historia de la Humanidad es una eterna pregunta sobre el porqué de las cosas, los misterios del universo, las grandes cuestiones religiosas en las que, finalmente, el ser humano se preocupa por su finitud y su fragilidad como ser vivo.

Newton fue un curioso de la vida en todos sus aspectos teóricos, aunque en lo privado se mantuvo siempre, seguramente por su decepcionante experiencia afectiva desde sus primeros años, lejano, distante y poco receptivo. Esta toma de postura ante la existencia, interesada siempre por la explicación de los fenómenos materiales y físicos y sus consecuencias, no es, como veremos, una preocupación exclusiva del hombre del siglo XVII, contemporáneo de Newton. Es la historia misma de la Humanidad.

Ya los egipcios, un pueblo sorprendente, se preocuparon por el estudio de la astronomía, la aritmética y la geometría. De hecho, sus monumentos son modelos de perfección y exactitud científica. El pueblo del Nilo tenía calendarios para prever las estaciones y mediciones muy exactas que les permitían diseñar las pirámides o buscar soluciones a los primeros grandes planteamientos matemáticos.

La cultura mesopotámica también desarrolló las matemáticas y la astronomía y mejoró el sistema de cálculo de los egipcios.

La civilización griega contó con un matemático cuyos hallazgos todavía se estudian: a mitad de camino entre la preocupación y la inspiración religiosas y el hecho científico, Pitágoras (572-48 a.C.) imaginó una sociedad igualitaria y utópica y vio cómo la música tenía una relación estrecha con las matemáticas. Si hubiera que señalar con un dato claro la importancia de este filósofo, deberíamos referirnos a su famoso Teorema: el cuadrado de la hipotenusa es igual a la suma de los cuadrados de los catetos.

Digno de mención también en la Antigüedad es Euclides y sus trabajos de geometría y Zenón, cuyas paradojas hicieron historia, especialmente la que se refiere a la de Aquiles y la tortuga.

Arquímedes (287-212 a.C.) es recordado especialmente porque estudió las leyes de los cuerpos flotantes. Gran precursor del propio Newton y sus artilugios, fue conocido en su época por sus inventos, con poleas y palancas.

Los romanos, que destacaron por diseñar la arquitectura de un gran imperio, no fueron grandes filósofos ni matemáticos originales, según algunos autores. Continuadores, continuistas en gran medida del legado griego, responden muy bien a la idea que expresa Whiteheads en su cita: *Nunca un romano perdió la vida por encontrarse absorto en la contemplación de un diagrama matemático.*

En la época de Newton seguían estudiándose teorías de Aristóteles y el siglo XVII, en principio, no tenía en gran estima los grandes cambios científicos que desafiaran el peso de las tradiciones. La Atenas que vio desarrollarse las ideas de Aristóteles era una sociedad elitista, pensada para una democracia que beneficiara solamente a unos pocos.

Las actividades manuales, como en tantas otras épocas de la historia, eran consideradas bajas y de poca categoría. Como escribe William Rankin, *el rechazo de la observación y las mediciones cuidadosas separaba a los antiguos «filósofos naturales» de los nuevos «científicos naturales», cuyas ideas estaban en el aire en Cambridge cuando Newton llegó, aunque no formaran parte del plan de estudios.*

Si hubiera que hablar de hitos en la historia de la ciencia que influyeron o hicieron pensar y replantear cuestiones científicas a Newton, habría que mencionar a Ptolomeo, que vivió en el siglo II d.C., y a Nicolás Copérnico, que estaba en desacuerdo con la creencia de Ptolomeo de que los planetas se movían a velocidad variable.

Ptolomeo había llegado a las fuentes de Aristarco sobre la astronomía, recuperadas y transmitidas por Aristóteles. Su nuevo diseño no era sencillo. No era tampoco heliocéntrico. Sin embargo, fue un pionero que abrió nuevos caminos para los que tuvieron que reflexionar otra vez sobre las grandes cuestiones que le preocuparon.

Copérnico escribió un tratado donde intentaba ser conservador con las ideas de Aristóteles y Ptolomeo y además fue el primero en proponer un modelo compatible con la Tierra en movimiento, aunque fuera incorrecto.

El libro de Copérnico interesó realmente a Johannes Kepler (1571-1630), que muy joven publicó el libro *Misterio Cósmico*. La vida de este científico no fue fácil. Lo expulsaron de Austria por ser protestante y así fue como, emigrante, llegó a Praga, donde empezó a colaborar con Tycho Brahe. Éste, por su parte, se había dado cuenta de que las Tablas Alfonsinas, que trataban sobre los movimientos planetarios, tenían un error de un mes completo y las de Copérnico, de varios días. Entonces comenzó a observar, con precisión y meticulosidad. Brahe volvió, como tantos otros, sobre las teorías de Aristóteles y publicó también un libro, *De Stella Nova*. Tycho, que creía que lo único verdaderamente constante era el cambio, falleció pronto y Kepler se convirtió en parte en su heredero. Heredó también el cargo de Matemático Imperial durante el reinado de Rodolfo II.

Kepler desarrolló sus tres leyes sobre el movimiento de los planetas que serían de enorme utilidad para los descubrimientos y estudios científicos posteriores de Newton. Para esa época, ya se había avanzado lo suficiente para efectuar operaciones astronómicas. Efectivamente, Juan Néper, barón de Merchison (1550-1617), desarrolló los logaritmos, cuyo principio consiste en parear una serie aritmética con una serie geométrica.

Kepler también cuestionó que, como pensaba Copérnico, los planetas viajaban a velocidades constantes. Su hipótesis era que, cuando un planeta se aproximaba al sol, decrecía su velocidad y aumentaba cuando se acercaba. Una vez que aplicó sus leyes de Marte al resto de los planetas y a sus satélites, estableciendo un paradigma del sistema solar similar al de hoy en día, Kepler se propuso establecer una tabla con las ideas de Tycho. Se trata de las Tablas Rodolfinas, llamadas así por el emperador Rodolfo II. En lo privado, la madre de Kepler había sido acusada de practicar la brujería. Se trataba de una época en la que el avance científico se unía a la rémora medieval de las supersticiones y las presiones de las iglesias oficiales. A pesar de los contratiempos, las Tablas Rodolfinas vieron la luz en el año de 1627, en Frankfurt. Desafortunadamente para el mundo de la ciencia, la vida de Kepler se apagaría no mucho tiempo después.

En esa época, en la ciudad italiana de Pisa, había un estudiante de trato difícil, que tenía problemas con todo el mundo. Se trataba de Galileo Galilei (1564-1642). Cuando era adolescente, Galileo ya había hallado el principio del reloj del péndulo y más adelante descubrió que un cuerpo diez veces más pesado no cae diez veces más rápido, como pensaba Aristóteles.

Con un buen espíritu comercial, Galileo empezó a manipular inventos que ya existían en la época: ganó mucho dinero fabricando y comercializando una brújula apta para uso militar y a continuación se centró en los telescopios. Estos artilugios ya habían sido objeto de estudio por Giovanni Battista della Porta y Lillipershey, pero Galileo les dio una nueva dimensión. Gracias al uso de un instrumento que había perfeccionado, el sabio siguió contradiciendo la descripción de los cielos que había hecho Aristóteles.

El Mensajero de las Estrellas, una obra de Galileo escrita en 1610, en latín, corrió por toda Europa y llegó también a manos de Barberini, un personaje importante en los años posteriores de Galileo. Las ideas del italiano, sin embargo, entraron rápidamente en contradicción con las que la Iglesia respaldaba oficialmente. Pronto se convirtió en un caso de estudio y su situación puesta bajo el punto de mira de un inquisidor llamado Bellarmino, que ya en 1606 había enviado a la pira a Giordano Bruno por hereje.

Barberini llegó a Papa en 1623, con el nombre de Urbano VIII, y pareció que aires de renovación soplaban en la Iglesia y en Roma. El Papa Urbano se entrevistó varias veces con el científico y éste fue autorizado a seguir trabajando sobre Copérnico. El resultado fue un libro más manejable que el anterior, escrito en lengua romance, casi coloquial. En esta obra se vuelven a revisar los grandes temas de la astronomía desde la Antigüedad, y los cielos, los planetas y las mareas volvieron a ocupar el tiempo del italiano. Las relaciones con el Papa, que repartía por doquier cargos y prebendas entre sus acólitos, no siempre fueron buenas, y un adagio popular empezó a recorrer Italia, a propósito de la familia noble que ocupaba el Papado: *En Roma, lo que no hicieron los bárbaros, lo hicieron los Barberini*, en un evidente y duro juego de palabras.

A consecuencia de sus ideas poco complacientes con la tradición y de sus conflictivas relaciones con el Papa, Galileo se vio llevado a un tribunal de la Inquisición, en 1633. No se lo trató mal, pero el científico comenzó a perder pie y llegó el momento de retractarse de lo que había escrito y defendido. Después de dos décadas de problemas, Galileo tuvo que retirarse a sus cuarteles de invierno. Sin embargo, sus ideas hicieron avanzar la ciencia de su época y gran parte de su esfuerzo sería recogido una vez más por Isaac Newton, cuando llegara el momento para ello.

Caverna, en 1891, en su *Historia del Método experimental*, escribe: *Mediante la poda despiadada del árbol de la ciencia, Galileo concentró la savia nutritiva de todas las raíces subterráneas en un solo retoño. Su persona.*

Muchos sabios que fueron sus alumnos después recogieron también, con Newton, la herencia del científico, como Torricelli, Aggiunti y Cavallieri, entre otros.

Un francés, René Descartes (1596-1650), también iba a hacer una aportación importante al mundo de la ciencia. Pensaba, como Galileo, que la Naturaleza se expresaba en términos matemáticos. El mundo de Descartes rebasó el ámbito estrictamente científico para convertirse en una forma de comprender la vida, los seres vivos y el lugar del hombre en el universo. Para Descartes la naturaleza era solamente una máquina y creía que podía ser imitada mediante un modelo mecánico.

Descartes había provocado un gran alboroto en la Cambridge de Newton. Daba la sensación de que los progresistas de la universidad apoyaban las ideas cartesianas, pero hubo discusiones y enfrentamientos. En 1644, Descartes publicó los *Principia Philosophiae*, que, aunque con errores, replanteaba desde la base los principios de Aristóteles que todo el mundo había aceptado hasta entonces.

A Newton le interesó la propuesta cartesiana y la consideró una verdadera alternativa a Aristóteles. Hay aquí una nueva manera de analizar el movimiento y Descartes propone un universo donde sólo existe la materia y el movimiento. Por la Segunda Ley de Descartes sobre la naturaleza, se establece que *los cuerpos tienden a persistir en su estado de reposo o movimiento rectilíneo uniforme.* El curso obvio de los planetas es una recta.

Newton estaba interesado en Descartes pero lo cuestionaba, y éste a su vez había replanteado a Aristóteles, que en la Edad Media había sido aceptado por Tomás de Aquino como dogma oficial de la Iglesia.

En cuanto a las ideas de Platón, maestro de Aristóteles, Galileo opinaba de él que *escribe en el lenguaje de las matemáticas... sin las cuales resulta humanamente imposible comprender siquiera una palabra. Sin ellas, nos situamos sin rumbo en un laberinto oscuro.*

A Descartes se le cuestionaba, entre otras cosas, la falta de contacto directo con la experimentación. E Isaac Barrow, muy vinculado a Newton, le enseñó que la filosofía alquímica era equivalente a las matemáticas y que había secretos dignos de indagar en ella.

Otro contemporáneo del siglo XVII, Henry More, opinaba de la filosofía cartesiana que era «la más sobria y fiel del mundo cristiano», aunque luego empezó a cuestionar algunos planteamientos de Descartes.

Para los neoplatónicos, Thomas Hobbes, el autor del *Leviatán*, se convirtió en un auténtico tormento. Hobbes, muy estudiado por los políticos preocupados por la idea del Estado, no creía en absoluto en la bondad del ser humano, como sí haría años después Jean Jacques Rousseau, uno de los grandes precursores de la Revolución Francesa. Hobbes escribió unas páginas tormentosas sobre la calidad del ser humano, que no dejan lugar a dudas sobre su pesimismo: *El impulso que domina al hombre es la autoconservación... y la vida del hombre es solitaria, pobre, desagradable, bestial y breve.*

Esta filosofía debió de tener cierto eco en una persona como Newton, que a menudo se enfrentó con los humanos, científicos o no, para discutir con ellos, perseguirlos por sus infracciones o quedar marcado por su abandono y despreocupación, como en el caso de la relación primera e infantil con su madre.

En lo referente a los estudios, Newton estuvo siempre al corriente de las teorías de sus contemporáneos pero bebió en las fuentes de la historia de las ideas científicas, analizando lo que habían pensado, antes que él, autores a los que de una forma u otra incorporó.

La geometría siempre tuvo un lugar en sus preocupaciones científicas. Cuando recuperó a Euclides, luego de pensar que no era tan importante, siguió con Scooten, Oughtred, Descartes y Wallis.

Descartes pensaba que Euclides vinculaba en exceso la geometría a las figuras. En geometría se manejaban mal las curvas y el álgebra tenía mala prensa para autores como Descartes. El autor francés inventó la geometría analítica, una especie de alianza entre la geometría y el álgebra.

En cuanto a Néper, había utilizado precisamente una curva para indicar el vínculo entre los logaritmos y los números naturales. Para calcular los números irracionales, era indispensable prolongarlos en series infinitas, que a continuación se sumaban término a término a fin de que se consiguiera el grado adecuado de precisión.

Blas Pascal (1623-62) había indicado que los coeficientes de prolongación podían obtenerse a partir de una matriz conocida hasta la actualidad como «el triángulo de Pascal».

Newton conocía las series infinitas de John Wallis para aproximarse a pi, que aparecían en su libro *Aritmethica Infinitorum*. El científico de Lincolnshire comenzó a llenar los espacios entre los números en el triángulo de Pascal. A partir de allí Newton llegó a la formulación de su teorema, que simplifica mucho la extracción de raíces. A continuación comenzó a trabajar con la hipérbola y, con las series infinitas obtenidas de esta forma, pudo obtener logaritmos para 55 posiciones decimales.

El teorema del binomio, como explica William Rankin, *legitimó la utilización del infinito. El horror del infinito, que había acechado a los matemáticos desde Zenón, se había desvanecido y se allanó el camino al cálculo infinitesimal.*

Un año después de haber comenzado a trabajar con las propuestas de Euclides, Newton manejaba todo el saber matemático. Con anterioridad Kepler, Galileo, Descartes y hasta el propio Arquímedes habían obtenido áreas sumando partes infinitesimales.

Los problemas que quitaban el sueño a los matemáticos de la época de Newton estaban relacionados con las tangentes. El sabio inglés se dio cuenta de que los problemas de las áreas y las tangentes eran iguales, pero inversos. A partir de esto creó el *calculus*, es decir, el arte de numerar y medir con exactitud algo cuya existencia no puede ser concebida. Al cálculo Newton lo llamó fluxiones.

La década de los 60 es productiva en la existencia de Newton. Trabaja en óptica y en matemáticas y está a punto su Ley de la Gravitación Universal. Pero da la sensación de que a partir de 1670 todo parece complicarse. Hay interés por publicar sus escritos sobre las fluxiones. Newton tenía lo que hoy llamaríamos «mala relación» con su producción científica y literaria, a la hora de hacerla pública. En esto el sabio no fue de ninguna manera original: ya sabía, como alquimista, que el camino de los iniciados se reservaba sólo para unos pocos elegidos y que el saber no debía caer en manos inadecuadas. Lo mismo pensaron Pitágoras y Arquímedes en su tiempo.

A medida que avanza en edad y en sabiduría, Newton comienza a tener problemas con posibles competidores o con científicos que también se preocupan por hacer evolucionar el saber. Cuando ofrece los estudios realizados sobre la luz y los colores a la Sociedad Real, Robert Hooke, encargado de experimentos, tuvo algo que decir. Para Hooke, gran parte de la teoría de los colores de Newton está ya en su *Micrographia*. Robert Hooke parecía una especie de *alter ego* de Newton. Había realizado estudios en Oxford y se había relacionado con científicos de la talla de Robert Boyle. Era afable, sociable y le gustaba alternar en tabernas y bares. Todo lo contrario que Newton.

Mientras se discutía sobre óptica, murieron Barrow y Oldenburg e Isaac quedó aún más aislado de lo que solía. El único conflicto no provenía sólo de la confrontación con Hooke; de otros puntos de Europa también surgían comentarios sobre la teoría de los colores de Newton. Los jesuitas ingleses de Lieja continuaron atacándolo y Christian Huygens, holandés, opina que Newton no ha mostrado la naturaleza y diferencia de los colores. Muy a menudo, el sabio, que se ve envuelto en estos conflictos, expresa que no quiere volver a tener nada más que ver con la ciencia y el conocimiento. Sin embargo, aún se volcaría en una relación que algunos consideran bastante fuera de lo habitual, con un joven matemático llamado Nicolás Fatio de Duillier. Había nacido en Suiza en 1664 y también lo habían elegido miembro de la Royal Society. Mantuvo cuatro años de relación con Newton, que algunos autores, como Paul Strathern, consideran de verdadero enamoramiento. Fatio se convirtió en un especialista de la obra de Newton y parece que ayudó al sabio inglés a la corrección de los *Principia* para una segunda edición, aunque sus acotaciones no parecen haber sido tenidas en cuenta. Al final del libro se incluye un anexo que proporciona más información sobre Fatio de Duillier, su relación con Newton y su crisis psicológica en los años que coincidieron con aquella amistad.

Finalmente Newton escribe un tratado de óptica en el que explica sus teorías y así parecen cerrarse las discusiones. Pero todavía no habían terminado las desgracias. Una mañana de marzo de 1678, a la vuelta de un paseo, se produjo un incendio y todo el material del libro se perdió. Fue la señal para que Newton abandonara definitivamente la óptica. Es el momento en que se vuelca a conocimientos menos tangibles y demostrables, como la teología y la alquimia. Es un cambio de dirección importante, ya que *empezaba a pensar que las especulaciones matemáticas se volvían muy aburridas, por no decir estériles.*

IX. LA FASCINACIÓN DE LOS COMETAS

En el siglo XVII eran frecuentes los cometas, aunque el fenómeno no estaba claro. Se pensaba que tenían una trayectoria en línea recta. Newton había dedicado mucho tiempo al estudio de uno de ellos y no estaba de acuerdo con lo que pensaba John Flamsteed, el astrónomo real. Éste creía que los cometas funcionaban con reglas parecidas a los demás elementos del universo y para asegurar sus ideas comenzó una relación epistolar con Newton, que no terminaría de una manera demasiado agradable.

Hubo otros científicos que intervinieron en las controversias, como el italiano Cassini, que creía que el cometa en cuestión ya había sido descrito por Tycho Brahe. Hablaba de una trayectoria circular que, sin embargo, no había podido calcular. Lo mismo que había sostenido con anterioridad Robert Hooke.

También entraría en la discusión Edmond Halley, cuya vida dista mucho de parecerse a la de Newton. Su familia había estado pendiente de él desde que era pequeño y sufragado todos sus gastos. Había estudiado cuatro años en Oxford, la eterna competencia de Cambridge, pero nunca se licenció. Sin embargo, fue admitido, por la calidad de sus trabajos, entre el club de los escogidos científicos de la Royal Society. Había estado en la isla de Santa Helena (la misma donde años después se recluiría definitivamente a Napoleón después de su derrota en Waterloo, que moriría allí), observando los cielos.

Halley observó el cometa de 1680 en un viaje a París, donde trabajó con el astrónomo Cassini, ya mencionado. Planteó a Newton varias cuestiones sobre astronomía y el científico de Cambridge le contestó con un manuscrito de nueve páginas titulado *De Motu corporum in gyrum* (Acerca del movimiento de los cuerpos en órbita), donde se gestaba prácticamente una nueva concepción del movimiento. Halley se dio perfecta cuenta de la importancia del material científico que Newton había puesto en sus manos. Se estaba preparando para la consecución de la obra más conocida del sabio inglés: los *Principia*.

X. LA CIENCIA EN EL SIGLO XVII

El Renacimiento supuso un vuelco en los modelos estético, moral, científico y en general en todo lo que se vinculaba a los quehaceres del ser humano y sus proyectos.

En lo que atañe a la astronomía, tan cercana a Newton, no se puede decir que abarca toda la ciencia de este período, fecundo además en descubrimientos (la pólvora, la imprenta, el continente americano, etcétera) y hallazgos, pero es en este campo donde tiene lugar la revolución científica. Quien habla de revolución quiere decir cambio de modelo, de paradigma científico. Se abandona el esquema ptolemaico, que había durado 14 siglos, porque ya no respondía a las necesidades de los nuevos tiempos. Éste es el motivo que hizo que científicos como Copérnico, buscaran en otras direcciones.

Se volvió a los modelos científicos del pitagorismo y las ideas de Platón, muy consultado en el Renacimiento. El texto más frecuentado de Galileo Galilei tiene orígenes platónico-pitagóricos.

Los aristotélicos creían que las matemáticas eran una ciencia secundaria que no podía abarcar la interpretación de la realidad en su totalidad. Galileo, sin embargo, como Leonardo da Vinci, piensa que las matemáticas son el lenguaje mismo de la realidad. Leonardo había dicho anteriormente: *quien rehúse la suprema certeza de la matemática, nutrirá su espíritu de confusión y se perderá en sofismas y discusiones sobre las palabras.*

La revolución científica entonces va de la mano de la recuperación del platonismo y el pitagorismo. Además, los nuevos descubrimientos a los que acabamos de aludir, demostraban que el modelo de Ptolomeo estaba equivocado. Había que plantearse, por lo tanto, una reforma de la astronomía. Este cambio científico fue un proceso complicado y extenso que estaba vinculado a tres áreas diferentes: el modelo científico, la metodología de la ciencia y la arquitectura del universo.

La revolución científica reemplazó las ideas ptolemaico-aristotélicas y la cosmología que giraban en torno al geocentrismo, la esfericidad y la heterogeneidad del universo.

Copérnico no quiso sustituir el sistema aristotélico-ptolemaico, sino mejorarlo, para que permitiera conseguir cálculos más ajustados. Para conseguir esto hizo un cambio radical: colocó al Sol en el centro del universo y consideró a la Tierra como un planeta más.

El científico Kepler, a su vez, también modifica la ciencia al uso y traza sus tres leyes: la ley de áreas, la ley de órbitas y la ley de períodos. Las dos primeras leyes variaban ostensiblemente el paradigma de Copérnico y acababan con dos principios del aristotelismo fundamentales: la uniformidad del movimiento y su circularidad.

También Galileo realiza unas contribuciones importantes, no a la astronomía, sino a la mecánica terrestre: leyes del péndulo, movimiento de proyectiles, introducción del principio de inercia, entre otras aportaciones.

Como se puede apreciar, nos movemos en un campo muy amplio que va a convertirse posteriormente en las áreas preferidas de exploración y descubrimiento científicos de Isaac Newton.

Galileo también contribuyó a mejorar el telescopio (otra de las áreas de trabajo de Newton). Su artilugio había demostrado que el universo era diferente al que hasta ese momento se habían imaginado los científicos. El sabio consideró como una probabilidad el hecho de que el universo fuera infinito. Estos cambios responden, finalmente, a una idea diferente de la ciencia. De hecho, el nuevo paradigma científico se presenta como mecanicista, frente al organicismo del aristotelismo. Efectivamente, el modelo aristotélico se basaba en el organismo vivo y la sustancia. Ahora el modelo es la «máquina». Las ideas cartesianas también se fundamentarán en este modelo. El organismo será considerado, a partir de ahora, desde la máquina.

El mecanicismo de esta época se basa en la recuperación de otros de los grandes paradigmas de la filosofía griega: el atomismo de Demócrito. Estas ideas reducen la realidad a partes cuantificables y posibilita de esta forma la matematización y estudio, en consecuencia, de los hechos que deben ser estudiados.

Hay que considerar a Galileo, tan perseguido y calumniado por la Inquisición y los partidarios del estancamiento y la investigación, como el creador del nuevo modelo científico.

En otros planteamientos, el sabio establece la simplicidad de la Naturaleza, que ha creado un orden racional y necesario, formulable en términos matemáticos.

Finalmente, el Renacimiento puede considerarse la matriz de los modelos científicos del siglo XVII, el de Newton, que nos ocupa. Supuso una quiebra evidente con la Edad Media, la filosofía escolástica y un desarrollo deísta del modelo del universo y de las ciencias. La importancia de los filósofos de este período histórico es que destacan la relación entre el mundo y el hombre: microcosmos y macrocosmos, conceptos que todavía usamos muy a menudo.

Si hubiera que elegir la aportación más contundente del Renacimiento, habría que pensar en la revolución que imprimió a la ciencia, abriendo el universo a la máquina, donde todo se explica desde la materia en movimiento.

El nuevo método científico será la base del desarrollo de las ciencias en los siglos venideros y se puede decir que todavía somos deudores de Kepler, Galileo y Leonardo da Vinci, entre otros.

El hombre deberá compartir sus deseos y su concepción del mundo con una postura más racionalista y nueva. Los racionalistas fundamentarán sus presupuestos en el matematicismo del método y los empiristas ingleses en el ámbito experimental.

XI. EL EMPIRISMO

Se prolonga durante dos siglos y suele estudiarse paralelamente con el racionalismo. Sus antecedentes se encuentran en la tradición del pensamiento inglés, sobre todo en los estudiosos de Oxford. Roger Bacon había escrito: *Sine experientia, nihil sufficienter sciri potest* (Sin experiencia, no se puede conocer nada suficientemente). Podría decirse que el racionalismo y el empirismo son en cierta forma, modelos de pensamiento diferentes. Resumiendo bastante, se podría llegar a la conclusión de que el empirismo daba una gran importancia a la experiencia y el racionalismo tenía como modelo a la ciencia moderna en lo que se refiere a su aspecto matemático.

El conocimiento es para los empiristas el problema crucial o, por lo menos, anterior a cualquier tipo de investigación. Si hubiera que sintetizar los fundamentos del empirismo podría decirse que a) el origen del conocimiento es la experiencia, pero que b) ésta también tiene sus límites.

El empirismo produce un nuevo concepto de razón circunscrita a la experiencia. Locke piensa que la «experiencia» es el saber proveniente de la observación directa, tanto de percepciones internas como externas. Esto implica la refutación de las ideas innatas de los racionalistas. El innatismo comprende las teorías que creen que el hombre cuenta con conocimientos o inclinaciones no aprendidas. La base de las ideas innatas se encuentra o bien en la reminiscencia, o en la iluminación del creador o son concebidas como «gérmenes de verdades».

En cuanto a la experiencia, si ésta también tiene su límite, esta segunda propuesta establece las divergencias con el racionalismo. El racionalismo piensa que la razón no tiene límites: con un método conveniente no hay fronteras para el conocimiento.

Por su parte, los empiristas creen que *no podemos ir más allá de la experiencia,* como explica Hume en la introducción de su *Tratado de la naturaleza humana.*

Si estamos de acuerdo con esta filosofía, el ámbito de trabajo se reduce bastante, ya que hay efectivamente objetos que no podemos conocer y sobre algunas parcelas del saber sólo podemos desarrollar un conocimiento determinado y no infinito. Es por esta razón por lo que para Hume, únicamente las matemáticas proporcionan conocimientos efectivos y ciertos y el resto pertenece al terreno de las especulaciones.

Para finalizar con este tema se podría concluir que en el siglo XVII, gracias en parte a la obra de Newton, se establece la revolución científica. Esta revolución se plasmaba en cuatro grandes tradiciones científico-metodológicas: la cartesiana, basada en los trabajos del filósofo francés René Descartes (*cogito, ergo sum*) (pienso, luego existo); la baconiana, liderada por Roger Bacon, que dejaba de lado las teorías y se orientaba más bien hacia las «historias naturales» (recogida de información y experimentos); la escolástica, ya en decadencia, y la metodología de Galileo, en la misma línea del paradigma de Newton.

No hay que olvidar tampoco la estrecha relación que se establece entre ciencia, religión y filosofía. La filosofía se inspira en la ciencia, la ciencia está a su vez cuajada de elementos filosóficos y religiosos y, por fin, la religión impregna todas las ideas científicas de la época.

Los mayores desarrollos científicos de esta época tienen lugar en Inglaterra, pero no en la universidad sino en círculos más exclusivos como el Gresham College, la Royal Society o la institución fundada por el puritano Wilkins en 1644.

XII. CONFLICTOS DE AUTORÍA Y PROPIEDAD INTELECTUAL

Debido a los distintos casos de conflictos entre Newton y los científicos de su época, parece ser que el sabio de Cambridge poseía una habilidad y un talento especiales para granjearse problemas y enemistades, algunas terribles y sin cuartel, otras, de por vida. Sin duda, la peor de estas batallas la libró contra el científico alemán Gottfried Leibniz. Éste sostenía que era él y no el sabio inglés quien había descubierto el cálculo infinitesimal, aunque Newton ya había utilizado esta especialidad de las matemáticas estudiando sus hipótesis sobre óptica y mecánica. Leibniz, que no era un científico menor, salió muy mal parado de la confrontación, en parte debido a que, en el momento de la disputa, Newton ya había sido nombrado caballero y reconocido como uno de los hombres de ciencia más prestigioso del mundo. Pero vale la pena que citemos algunos datos sobre la vida y obra del científico alemán.

Leibniz nació en Leipzig en 1646 y murió cn 1716. Realizó estudios de derecho, matemáticas y filosofía, ciencia de la que su padre era profesor. En 1676 descubre el cálculo infinitesimal, casi al mismo tiempo y sin conexión con Newton, lo que daría oportunidad para un sinfín de conflictos. Fue consejero en la corte del elector de Maguncia y posteriormente historiador y bibliotecario de los duques de Hannover.

Fue un científico polivalente, que se dedicó al estudio de muchas disciplinas diferentes. Soñó con la reunificación de todas las ciencias y también con la unidad política y religiosa del continente europeo. Aunque se prodigó en numerosos libros, hay dos que merecen ser destacados: *Ensayos de Teodicea* y *Nuevos ensayos sobre el entendimiento humano*. Publicó además dos obras más cortas que son de interés: *Monadología* y *Discurso de Metafísica*.

Su interés filosófico girará en torno a la unidad de los espíritus y a la búsqueda de la paz. Son vitales en este filósofo las nociones de armonía: los intereses contrapuestos son compatibles y es posible la solidaridad.

Hay también un intento de ecumenismo, para encontrar puntos de coincidencia entre las diferentes religiones de origen cristiano, y cree firmemente que el universo es *ese maravilloso orden que resulta del hecho de que la naturaleza es el reloj de Dios.*

Como Leibniz tiene un método racionalista, su pensamiento es de tipo deductivo-matemático. Intenta explicar y definir los términos complejos hasta alcanzar los más sencillos para consolidar de esta forma un lenguaje universal.

Leibniz no es el primero que desea la unificación de todas las ciencias, igual que en su momento hicieron Spinoza y Descartes, haciendo gala de una búsqueda de eclecticismo característico de su filosofía. Define con lucidez su teoría de las sustancias o mónadas y describe sus principales características: se trata de fuerzas impenetrables, simples e inextensas y primitivas. Podría definirse toda mónada como un «alma». Esta teoría crea una multiplicidad infinita en el universo. Leibniz se define de esta manera en *Monadología:*

Hay un mundo de criaturas, de vivientes, de animales, de entelequias, de almas, en la menor parte de la materia.

Cada porción de la materia puede ser concebida como un jardín lleno de plantas y como un estanque lleno de peces. Pero cada rama de una planta, cada miembro de un animal, cada gota de sus humores, es todavía un jardín o un estanque...

El universo leibziano es un universo creado por Dios. Entre todos los mundos posibles, Dios —seguramente— escoge el mejor. De esta concepción se deriva una concepción perfeccionista y optimista, además, que no dejó de tentar a Voltaire para que, en su *Cándido,* se burlara de estas ideas del sabio.

Leibniz lleva a cabo su proyecto filosófico donde los espíritus consiguen encontrar una armonía teniendo en cuenta que son también imágenes de la divinidad. Y así lo expresa en la obra citada anteriormente:

Por ello es fácil que la reunión de todos los espíritus debe constituir la Ciudad de Dios, es decir, el más perfecto Estado posible, bajo el más perfecto de los Monarcas.
Esta Ciudad de Dios, esta Monarquía verdaderamente universal, es un mundo moral en el mundo natural, la más grande y divina de las obras de Dios.

Lamentablemente para Leibniz, el utópico, Newton convenció a sus colegas, como tantas otras veces, de que el científico alemán le había copiado sus hallazgos matemáticos y aunque finalmente le fueron reconocidas a Leibniz muchas de sus aportaciones, la suya fue una batalla perdida desde el principio.

Albert Einstein era de la opinión de la mayoría, cuando opinaba a favor de Newton:

En mi opinión, los genios más creativos han sido Galileo y Newton, a quienes considero en cierto modo como una unidad.
Y de esta unidad, Newton fue quien realizó la hazaña más importante en el campo de la ciencia. Ellos dos fueron los primeros en crear un planteamiento de la mecánica, basado en unas pocas leyes, para deducir una teoría general del movimiento, el conjunto de los cuales representa los sucesos de nuestro mundo.

Los precursores anteriores a Leibniz y Newton habían realizado una buena labor para preparar el camino para que estos dos sabios lograran, con su esfuerzo, dar origen al análisis infinitesimal como una parte autónoma pero perteneciente a la vez al mundo de las matemáticas. La nueva disciplina estará formada por tres ramas: el cálculo integral, el cálculo diferencial y los algoritmos infinitos.

Se ocuparon del cálculo diferencial al estudiar la determinación de las rectas tangentes, curvatura y problemas de máximo y mínimo. Se dedicaron al del cálculo integral estudiando muchas de las determinaciones de áreas, volúmenes, longitudes de arcos y centros de gravedad. Y en lo que atañe a los algoritmos infinitos, estudiaron series, productos infinitos y fracciones continuas infinitas. Sin embargo, no encontraron una noción que unificara todos esos métodos, como ocurrirá posteriormente con la noción de límite.

Les faltó rigurosidad porque sus métodos carecían de cualquier tipo de demostración. Estos métodos se encontraban sepultados por la enorme cantidad de casos particulares que no podían llegar a ofrecer una generalización y en los que aparecían las valoraciones geométricas mezcladas con desarrollos algebraicos.

La obra de Newton y Leibniz superará parcialmente esta vocación exclusivamente empírica del análisis infinitesimal que hasta el siglo XIX no conseguirá llevar a cabo un análisis estructurado con el mismo razonamiento lógico que habían utilizado los antiguos en su geometría.

La obra matemática de Newton, que está muy ligada a su tarea en cuestiones de filosofía natural, no sólo abarca el análisis infinitesimal, sino que desarrolla también áreas importantes del álgebra y la geometría. Aparte de sus famosos *Principia*, es de orientación geométrica su *Enumeratio linearum tertii ordinis*, finalizado en 1695, pero no publicado como era habitual en el científico inglés, hasta 1704. Aquí comienza el estudio de las curvas algebraicas y después de haber explicado ciertas propiedades de esas curvas, estudia muy especialmente las cúbicas (curvas cuya ecuación es de tercer grado), explica su generación, así como también su clasificación y su uso para resolver ecuaciones.

A la resolución de ecuaciones también dedica Newton el libro *Aritmethica Universalis*, que abarca trabajos que van desde 1673 hasta 1683. Publicado finalmente en 1707, es un tratado de álgebra que abarca la resolución algebraica de problemas geométricos y la teoría general de las ecuaciones.

En 1711 se publicó una obra que en realidad era del año 1669, *De Analysis per equationes Numero Terminorum Infinitas*. Este libro se ocupa de series y aquí es donde se encuentra el teorema general del binomio, que también se trata en otra parte de la obra. En ella las series no son estudiadas como algoritmo autónomo, sino como un medio para determinar cuadraturas gracias a la regla general de los exponentes que había establecido Wallis. Pero la aportación de Newton es que, utilizando el método de las tangentes de Barrow, vuelve a encontrar la función de la que había par-

Descubrimiento de la refracción de la luz por Newton, óleo de Pelagio Palagi, 1827.

tido, lo que quiere decir es que los problemas de la tangente y de la cuadratura son inversos uno de otro.

Fue realmente una lástima que dos sabios, uno del continente y otro de las Islas Británicas, descubrieran y trabajaran al mismo tiempo en un mismo tipo de conocimiento. Esta coincidencia, lejos de acercar posiciones, ocasionó una separación y una fractura que se prolongaron todo el siglo XVIII.

El prestigio de los científicos y, sobre todo, el desarrollo de la ciencia fueron los más perjudicados. En efecto, no hubo ninguna posibilidad de cooperación científica. Se trataba de un problema de notación, aunque por esta razón los ingleses eran los más perjudicados, dado que la notación de Leibniz era más adecuada.

Parece ser que, finalmente, cuando los ingleses crean la «Analytical Society» en 1813, la polémica quedó zanjada.

XIII. LOS CONTINUADORES DEL ANÁLISIS INFINITESIMAL

Los trabajos de Newton y Leibniz se conocieron muy lentamente, casi en las postrimerías del siglo XVII y puede decirse que también la aplicación fue deficiente entre los matemáticos. Aunque hubo probablemente dos excepciones: dos miembros de la familia Bernouilli, de origen holandés, que residía en Suiza. Esta familia fue prolífica en matemáticos y dio origen a una decena de ellos, durante más de tres siglos. Hay sin embargo tres de los integrantes de esta saga que son los más destacados: Jacob, su hermano Johann y un hijo de éste, Daniel. El problema es que varios matemáticos habían llevado los mismos nombres.

Jacob se va a dedicar al método infinitesimal y al cálculo de probabilidades. Dentro del método infinitesimal, estudió las series y las propiedades de las curvas. Él produjo la primera demostración que se conozca de la curva, tal que un punto sobre ella cae con movimiento uniforme respecto de la vertical.

Johann también propuso en 1696 el estudio de la curva de tiempo mínimo, que resolvió Jacob, y entre los hermanos fueron aclarando distintos problemas matemáticos que resultaban acuciantes en la época, como el campo que hoy recibe el nombre de «cálculo de variaciones».

Ars Conjectandi es la obra más importante de Jacob, donde el cálculo de las probabilidades adquiere independencia científica. Este libro se compone de cuatro partes: la primera se ocupa de comentar la obra de Huygens sobre el cálculo de probabilidades; la segunda parte es un tratado de combinatoria, y en ella aparecen los así llamados «números de Bernouilli»; la tercera parte se vincula a los juegos de azar, y la cuarta, que no fue terminada, se dedica a «las doctrinas precedentes a cuestiones civiles, morales y económicas», y aquí podemos encontrar la «ley de los grandes números».

Johann, por su parte, trabajó como físico matemático y también como matemático, en constante competencia con su hermano Jacob y su hijo Daniel.

Relacionado con Johann Bernouilli encontramos el nombre del marqués de l'Hôpital, el único que durante muchos años fue capaz de resolver las cuestiones que los Bernouilli y Leibniz habían planteado a los geómetras de la época. El marqués, de origen francés, escribió el primer trabajo de cálculo diferencial, publicado con su nombre en 1716. Parece ser que el libro de l'Hôpital recogió las lecciones que había recibido de Bernouilli, que incluían también el cálculo integral.

En Italia trabajaron en los nuevos métodos infinitesimales autores como Jacobo Ricati y el conde de Fagnano, que se ocupó de las hoy llamadas «funciones elípticas».

Aparte de Leibniz, en Alemania encontramos a Ehrenfried Walter von Tschirnhausen, que apadrinó un método de transformación de ecuaciones hasta de cuarto grado.

En Inglaterra, Berkeley dirigirá una aguda crítica a los nuevos métodos, aunque su intención es más que nada reivindicar los misterios de la religión. Los nuevos métodos, sea en la forma explicada por Newton o por sus colegas del continente, eran poco rigurosos y claros y, en consecuencia, no estaba desacertada la crítica que les dirigiera Berkeley. Este científico se involucró en la teoría de «compensación de errores», ya que estaba sorprendido de que, a pesar de que el método era detestable, conseguía conclusiones exactas tal y como había demostrado el éxito indiscutible de la mecánica de Isaac Newton.

La influencia de Berkeley llegó también de Abraham de Moivre, que había abandonado Francia después de que Luis XIV revocara el Edicto de Nantes, que garantizaba la libertad religiosa. De Moivre inauguró el estudio de las «series recurrentes» y a él se le otorga la autoría de una fórmula que lleva su nombre y forma parte de la teoría de los números complejos.

De «diferencias infinitas» se ocupó Brook Taylor y posteriormente James Stirling le dio su nombre a una fórmula para el cálculo aproximado de $n!$ cuando n es muy grande.

Colin Maclaurin, otro de los grandes matemáticos de esta época, decidió volver, para escapar a las críticas de Berkeley, al sistema de trabajo de los antiguos geómetras, decisión que no contribuyó a solucionar el aislamiento de los científicos ingleses con respecto al continente.

XIV. SIN ALIENTO

Newton llevaba una trayectoria que muchos hubieran podido identificar hoy en día con algo parecido a lo que se da en llamar estrés, exceso de trabajo o «surmenage».

En 1693 había ya pasado muchos años trabajando sin descanso, con pleitos, altos niveles de autoexigencia, poco reposo y alimentación deficiente. El esfuerzo superaba en su vida con creces al disfrute, al gozo o a un mínimo de sentimiento de placer.

Newton se vino abajo. Hay teorías y explicaciones para todo: desde razones puramente físicas, como la que se esgrimen a veces sobre la enfermedad de Goya, es decir, manejo de productos químicos de alta toxicidad, hasta una enfermedad de tipo más o menos psíquico o psicosomático, como se diría en la actualidad. Los accidentes domésticos, como el incendio de sus papeles o problemas anteriores de la misma índole, como los sufridos ya en 1664, eran un antecedente claro, que podría proporcionar algunas pistas. Pero no hay nada confirmado. Queda, sí, una carta que Newton escribió a Locke, que da cuenta bastante ajustada de su situación general: *cuando os escribí no había dormido ni una hora cada noche desde hacía una quincena y durante cinco noches consecutivas, ni un parpadeo. Recuerdo haberos escrito, pero no recuerdo lo que dije de vuestro libro.*

El científico pudo recuperarse, gracias en parte a los cuidados que recibió de sus allegados, porque la ciencia médica poco podía hacer por un paciente en su situación. En aquella época la medicina se debatía todavía entre pócimas dudosas y sangrías administradas para cualquier ocasión o emergencia sanitaria. Sin embargo, nunca volvió a ser el mismo desde entonces, sus capacidades intelectuales comenzaron a declinar. Pero ya había germinado lo mejor de su obra y, por otra parte, Newton siempre seguiría siendo Newton.

Es probable que incluso el propio científico pusiera algún tipo de remedio para sus propios males, ya que la medicina también formó parte de su ámbito de actuación y estudio. Newton, en efecto, no era ajeno a la preparación, manipulación y consumo de ungüentos, licores y otros productos básicamente preparados con hierbas, que servían para aliviar las enfermedades de la época o se empleaban tal vez por su valor intrínseco como placebos. De todas formas, para una mayor dedicación a este tema se puede consultar el anexo III.

XV. LA ROYAL SOCIETY

Era una institución en decadencia en tiempos de Newton. A principios de la década de los setenta (1670) sus miembros llegaban a contar unos doscientos, pero el número comenzaba a decrecer. Sus lecciones, sin ningún tipo de rigor científico, escandalizaban a los ortodoxos defensores del conocimiento.

La institución, sin embargo, tenía entre sus miembros a personajes ya conocidos en la vida de Newton, como Robert Hooke, que distaba mucho de provocarle algún tipo de simpatía. En efecto, las controversias y discusiones habían sido interminables. Cuando Hooke murió en 1703, el camino para que Newton fuera elegido presidente quedó abierto. Sin embargo, no las tenía todas consigo, ya que no todos los participantes de la institución que tenían derecho a opinar aprobaban la propuesta de que el sabio inglés fuera elegido presidente.

A los dos años escasos de la elección de Newton para el cargo más importante de la Royal Society, la reina Ana lo nombró caballero. Como Intendente de la Casa de la Moneda y a la vez número uno de la Royal Society, Newton ocupaba a pasos agigantados un puesto cada vez más importante en la sociedad. Por esa época empezó a acumular retratos de sí mismo, como una muestra de su importante ascenso en la esfera social.

Si en la Casa de la Moneda Newton había destacado por su orden y organización, las mismas cualidades trató de imponer en la institución científica. Como escribe Richard Westfall en *Newton, una vida*,

tras un interludio caracterizado por los presidentes absentistas, elegidos por su destacada posición política, la sociedad observó, no sin sorpresa, la aparición de un hombre que no en vano había consagrado toda su vida a los objetivos expresados por la propia sociedad y cómo éste se situó al timón, para dedicar toda su energía a la tarea de conducirla por un rumbo determinado.

De hecho, Newton acudía con mucha frecuencia a las reuniones de la Royal Society, lo que infrecuente en épocas anteriores. Estaba decidido a dar un giro a una institución carente de rigor y de seriedad. *La filosofía natural* —proclamaba en su *Plan para la consolidación de la Royal Society*—, *consiste en descubrir el marco y las operaciones de la Naturaleza, reduciéndolas en la medida de lo posible a una serie de reglas y leyes generales... para fijar estas reglas mediante la observación y los experimentos, deduciendo de ahí las causas y los efectos de las cosas...*

Estableció las cinco ramas de la filosofía natural y para cada una de ellas eligió a un ponente: ciencia que estudia los animales, anatomía y fisiología, botánica, química, matemática y mecánica y astronomía y óptica. Las sesiones, siguiendo con los planes de Newton, debían mejorar. Eligió a Francis Hauksbee que llevó a cabo un experimento para el que contaba con una bomba de aire. Fue el primero de una serie que alcanzó un período de diez años. Las sesiones comenzaron a mejorar de nivel, pero no todo fue mágico, ya que los participantes a menudo caían en la tentación de propuestas más o menos truculentas y salidas de tono.

En 1704 Newton aprovechó su puesto directivo de primer orden para presentar a la Sociedad su libro de *Óptica,* aunque no se lo dedicó, como había hecho con los *Principia*. Por entonces, también se decidió a publicar algunos textos matemáticos antiguos, que no había llegado a publicar en su momento y que podían contribuir a respaldar su prestigio de matemático. El libro de la *Óptica* fue más accesible que los *Principia* para el gran público y su influencia fue enorme. La obra sigue siendo uno de los pilares de la inveterada reputación del sabio de Cambridge. Newton escribe sobre su obra: *En este libro, no pretendo explicar mediante hipótesis las propiedades de la luz, sino presentarlas y probarlas mediante la razón y los experimentos.*

De todas formas y a pesar de su puesto relevante y su renombre, Newton padecía cuando tenía que afrontar la opinión de los lectores y los críticos. En cierta forma pasa ahora revista a cuestiones que ya le habían preocupado durante más de cuarenta años.

A la vez que la dedicación a los asuntos químicos, el científico seguía volcado con los temas relativos a la atracción de la gravedad y las fuerzas de atracción y repulsión de las partículas. Pero siempre salía al paso de las probables críticas que pudiera recibir por sus hipótesis: ... *No tengo ningún escrúpulo en proponer los principios del movimiento... puesto que son de una aplicación general, aun cuando sus causas estén todavía por descubrir.*

Desde su puesto de presidente de la Royal Society, había vuelto a reencontrarse con John Flamsteed, con el que también había mantenido litigios. Por esa época, Flamsteed realiza unas observaciones de los hallazgos originados en el laboratorio de Greenwich, que eran de gran calidad, aunque las relaciones con Newton volvieron a enturbiar el desarrollo del plan de Flamsteed. Mientras se enzarzaba en las eternas discusiones con posibles competidores —tal como él los consideraba—, práctica a la que se dedicó durante casi toda su vida, Newton llegó a consolidar su posición dentro de la institución.

En 1713 fue Halley quien ocupó el cargo de secretario de la Royal Society. Favorable a Newton, éste, poco a poco, supo rodearse de un círculo afín, haciéndose evidente que la elección de los socios de la organización distaba mucho de ser casual o a la ligera. Sobre este particular escribe William Stukeley:

Le importaba la elección de miembros útiles, más que el número de los mismos, por lo cual era un honor (ser elegido).

Tampoco hubo ninguno que optara por pedir el ingreso sin una genuina recomendación y sin haber dado muestras de sus conocimientos y capacidades. Entonces, las solicitudes eran previamente sometidas a la aprobación del consejo, que estudiaba libremente sus aptitudes; por tanto, era menos probable que fuesen votadas las candidaturas en función de la parcialidad o el prejuicio.

XVI. LA FASCINACIÓN POR LA LUNA

Newton había retomado sus estudios de alquimia, una vez terminados los *Principia*. Su libro *Praxis,* en el que ya había estado trabajando previamente, versaba sobre la multiplicación de los metales. Pero, contrariamente a lo que le resultaba familiar en su estilo de trabajo (habría que recordar aquello de «no finjo hipótesis»), no podía esta vez demostrar sus hipótesis científicamente.

En 1694 acudió a Greenwich, lugar ya famoso en tiempos de Isabel I de Inglaterra, Isabel Tudor, para dedicarse al estudio de la Luna. Fue al observatorio de Greenwich con su alumno y amigo David Gregory y en su viaje al observatorio estaba incluida una consulta evidente a Flamsteed, primer astrónomo real y contertulio epistolar con otros dos estudiosos de la época, Collins y Oldenburg.

Hasta 1696 siguieron en contacto Flamsteed y Newton, pero siempre fue el último el que más información consiguió del astrónomo y no a la inversa, como era ya tradicional en él. Las relaciones entre ambos científicos se enturbiaron por lo de siempre: invasión de uno en el terreno del otro, competitividad despiadada, afán de protagonismo y egoísmo científico. A Newton siempre le había costado mucho esfuerzo colaborar con otros científicos; era una persona solitaria y extremadamente individualista en lo público y en lo privado. Finalmente parece ser que hubo intentos fructíferos de reconciliación entre Flamsteed y Newton, aunque el interés que este último manifestó tener por la Luna disminuyó a partir de 1695 y empezó a ocuparse de otros temas. Se estaba gestando la oferta a Newton para convertirse en cabeza visible y ejecutora de la Casa de la Moneda.

XVII. CONOCIMIENTO Y RECONOCIMIENTO

REPRESENTANTE EN EL PARLAMENTO

Ya se comentó al hablar de los problemas políticos y religiosos de la época de Newton, que éste no quedó al margen de los conflictos que provenían ya de los tiempos de Enrique VIII, cuando el rey, de la dinastía de los Tudor, decidió separar a Inglaterra de la ortodoxia de la Iglesia de Roma.

A partir de la muerte de Enrique los soberanos fueron fluctuando entre el antiguo catolicismo y el apego a la Iglesia Anglicana de Inglaterra. Jacobo II, a la sazón soberano en 1687, era un católico convencido y decidió colocar a partidarios católicos al frente de las principales instituciones el Estado. El rey intentó también imponer su orden católico sobre la autonomía de la Universidad de Cambridge y fue entonces cuando Newton tomó partido por la independencia de la universidad. Debía presentarse ante el rey junto con otros representantes de la institución para aclarar estos asuntos, pero el monarca fue destituido y reemplazado por una monarquía protestante con Guillermo y María de Orange en el trono.

Newton fue recompensado por su actitud y nombrado miembro del Parlamento, lo que implicaba un reconocimiento y la necesidad de residir durante las sesiones en Londres. En la capital el científico estaba muy bien considerado e incluso acudió a una invitación de una comida con el rey. Sobre la estancia en el Parlamento inglés del sabio Claudi Alsina y Miguel de Guzmán, en su libro *Los matemáticos no son gente seria*, cuentan, y en esto no son excesivamente originales, la tan citada anécdota que se refiere a la única intervención del científico inglés en aquel órgano de gobierno:

Solamente una vez, en medio de una acalorada sesión, manifestó el deseo de decir algo. La cámara enmudeció para escuchar al gran Isaac Newton. Mientras dirigía el dedo hacia un lugar impreciso del espacio, sentenció: «Propongo cerrar esa ventana porque aquí hace un frío considerable».

Cuando se trabaja con temas serios, como las matemáticas, no hay nada como un poco de sentido del humor y en eso sí hacen una aportación los dos autores citados. Opinan de esta forma de la profesión y los desvelos de los que se dedican a esta ciencia:

Si alguna característica común tuviera que atribuirse a casi todos los matemáticos, esta sería, sin lugar a dudas, la maestría en el despiste.
Es una capacidad que contrasta descaradamente con la minuciosidad de los razonamientos científicos y el rigor en las deducciones matemáticas, pero que está presente en este oficio como en ningún otro.
Seguramente es una consecuencia de que en la mente del matemático confluyan una fijación mental por un problema abstracto y la necesidad de hacer, simultáneamente, una acción real y ordinaria... Porque ya es sabido que hay dos tipos de matemáticos: uno, los que se equivocan al contar y dos, los que no se equivocan.

XVIII. LA CASA DE LA MONEDA

En el año 1696 Newton llega como Interventor a otra institución en la que jugará también un papel importante. En 1699 es nombrado director de la Casa de la Moneda.

La acuñación de moneda formaba parte vital del proyecto de esta institución. En épocas de crisis como la que tenía lugar en el momento en que Newton llega a su nuevo puesto, era necesario tomar medidas drásticas. Parecía que la única salida a la crisis también financiera era reacuñar. Y ésta era una decisión que ya se había tomado antes de la aparición del sabio inglés en escena. Por lo tanto, aunque fuera una propuesta anterior a su llegada, suya fue la responsabilidad de plasmarla en hechos. Tuvo, como era preceptivo, que hacer un juramento. Su cargo parecía tradicionalmente una sinecura, con una aportación económica de entre 500 y 600 libras, aunque es posible que fuera una cantidad exagerada.

Lo que no se imaginaban los responsables de su nombramiento era la voluntad que Newton pondría en llevar a cabo su misión. El puesto de director tenía unas funciones que difícilmente hubiera podido imaginar el científico en toda su magnitud. Podía determinar el arresto y enjuiciamiento de los estafadores y no lo hizo simplemente para colocar en algún lugar exterior a sí mismo los problemas de una infancia atormentada —como dicen los comentaristas con veleidades de psicoanalistas—, sino porque las estafas y el caos monetario y financiero estaban dando verdaderos quebradores de cabeza al gobierno y a la corona.

Lo que sí es verdad es el tesón con que Newton se dedicó a su nueva tarea y la dedicación que puso en perseguir a los defraudadores. Newton tomó como algo personal la persecución de los llamados «clippers», que podría traducirse como los «recortadores» de las monedas de oro y plata. El científico se convirtió en el terror de los bajos fondos londinenses. Más de 100 delincuentes fueron a parar a la cárcel de Newgate y el matemático fue el responsable de veinte muertes por ajusticiamiento en Tyburn.

Newton patrullaba las tabernas, con una guardia armada, tenía entrevistas con informantes del mundo del hampa. Hay quien comenta —como Paul Strathern— *que estas entrevistas parecían sacadas de la «Ópera de los mendigos», que sirvió como base a la «Ópera de tres centavos». Por desgracia, Newton destruyó estos archivos*. Hubo quien se organizó contra esta política tan peculiar del sabio para restablecer el orden monetario en Inglaterra. Un caballero llamado William Chaloner, inventor, orquestó una campaña de desprestigio contra la Casa de la Moneda, acusándola de negligencia y de falsificar también moneda, como los delincuentes a los que pretendía perseguir y castigar. Newton reaccionó con violencia, dedicándose a su vez a investigar a Chaloner. Descubrió que éste se había hecho con una fortuna falsificando también dinero. Aunque el inventor contaba con un grupo de amigos respetables, Newton siguió con la persecución a Chaloner. La catadura moral del inventor se puso definitivamente de manifiesto cuando acusó a Newton de mentir, además de acusar a algunos colegas suyos (posteriormente encarcelados). Chaloner fue finalmente ahorcado en Tyburn en 1699 y la historia contó con unos ingredientes bastante sorprendentes.

Con el nuevo reinado de Guillermo de Orange, se hizo lo posible por solucionar el tema del fraude de las monedas. Se encargó al Canciller de la Hacienda Real, Montague, que se ocupara del caso.

Por supuesto, fueron muchos los que tuvieron críticas para esta nueva ocupación de Newton, aparte del caso de Chaloner, que tenía intereses en el asunto. Entre los más jugosos comentarios, destaca el del no menos famoso Voltaire, que, aparte de filósofo de renombre, parecía la oficina de información de media Europa. Cuando el filósofo francés llegó a Inglaterra relacionó el éxito del nombramiento de Newton con la belleza y las influencias de Catherine Barton, hija de la medio hermana de Newton, Hannah Smith, casada con Robert Barton. Voltaire, malintencionado, escribe:

En mi juventud creía que Newton había hecho su fortuna por sus propios méritos. Suponía que la corte y la ciudad de Londres le habían nombrado intendente de la Casa de la Moneda por aclamación.

De ninguna manera. Isaac Newton tenía una sobrina sumamente encantadora, madame Conduitt, que conquistó al ministro Halifax. Fluxiones y gravitación no habrían servido de nada sin una bella sobrina.

Newton había pasado 35 años en Cambridge, en una especie de refugio creador, lejos de los hombres y buscando el espíritu de la ciencia y del demiurgo, a cubierto. Ahora le tocaba cambiar —como dijimos anteriormente— los métodos de fabricación de las monedas para evitar que los defraudadores limaran los bordes de las piezas y se enriquecieran, desestabilizando todo el sistema monetario. El científico se empleó a fondo en esta nueva ocupación. En la Casa de la Moneda, 50 caballos y 300 hombres fueron dedicados a la tarea de restablecer la legalidad y el funcionamiento del sistema monetario inglés. Se reacuñaron más de 6.500.000 de libras en monedas en un lapso de tres años. Se trataba de todo un triunfo, ya que en las tres últimas décadas no habían podido acuñarse más que algo más de 3 millones de libras.

La sinecura de la Casa de la Moneda respondía al deseo de dar una especie de premio al sabio, que se había pasado media vida luchando contra las tradiciones e ideas arcaizantes de filósofos, científicos, políticos y hombres de iglesia. No sólo se encargó de supervisar la acuñación de nuevas monedas, como se ha dicho, sino que intentó conseguir que el dinero distribuido llegara efectivamente a todo el país.

Como un importante funcionario civil, tenía derecho a vivir en una mansión elegante en la vecindad de Leicester Square, donde hoy se dan cita los noctámbulos festivos de la ciudad de Londres en las noches de diversión y asueto.

Todos los nombramientos, como el de caballero, no trajeron sino respeto y consideración hacia el científico, que disfrutó muchos años de su vida, en parte gracias a su sorprendente longevidad, del prestigio que se había ganado ya desde su juventud. Seguía trabajando como siempre, haciéndose cargo personalmente de las tareas que su fama o su buen hacer le habían granjeado.

De su fuerza de voluntad a la hora de trabajar sin desmayo y cumplir con sus obligaciones informa John Conduitt, un testigo cercano de su vida y su obra:

Incluso cuando ya era viejo, los sirvientes tenían que llamarle media hora antes de que la comida estuviera preparada.
Cuando bajaba, si veía por casualidad un libro o un papel, podía dejar su comida sin tocar durante horas. Comía las gachas o la leche con huevos que le había preparado como cena, ya fríos, para desayunar.

XIX. MUERTE DE LA MADRE Y VÍNCULOS FAMILIARES

Ya se habló de la peculiar relación que unió a Isaac Newton con su madre, que lo abandonó cuando tenía tres años para formar una nueva familia. También se hizo hincapié en el hecho de que Newton fuera hijo póstumo y que nunca conociera a su padre. Esto significa que nunca tuvo lo que los especialistas llamarían figura paterna o figura materna como elementos clave en la formación de su personalidad. Esta pérdida o esta falta de afectos y modelos determinarán en gran parte su personalidad y la relación que desde esa perspectiva y sensación de orfandad establecerá con la vida y el resto de los congéneres.

Hannah estaba muy enferma en 1679. Newton pasó velándola los últimos momentos de su vida, tal vez intentando reparar a última hora un vínculo que nunca había sido feliz ni satisfactorio. Cuando murió su madre se quedó unos seis meses en la casa familiar para poner orden en su patrimonio, del que su madre lo había nombrado albacea.

Aunque Barnabas Smith había dejado una herencia considerable a los hijos habidos con Hannah en el segundo matrimonio de ésta, la herencia de la madre fue en gran parte para el científico. Tuvo entonces la oportunidad de demostrar que también podía ocuparse de tareas menos intelectuales y más prácticas, como el cuidado de unas tierras. En esto su madre no tenía razón, como tampoco en haber visto con escaso entusiasmo las intenciones de su hijo para dedicarse al estudio.

Las relaciones con su madre y hermanos nunca habían sido relajadas. Pero de mayor, Newton pareció empezar a preocuparse por ellos, incluso económicamente. Sin embargo, una sobrina suya, Catherine Barton, hija de su hermanastra Hannah, le brindó la posibilidad de redimirse en lo que se refiere al establecimiento de vínculos familiares. Compartió la casa de su tío Isaac, manteniendo una relación paterno-filial que hizo compartir al sabio unos sentimientos que nunca había conocido.

Catherine era muy bella, tal y como había comprobado el suspicaz Voltaire. El Barón de Halifax cayó rendido a sus pies cuando tuvo la oportunidad de conocerla, en 1700. De hecho, le dejará una suma en su primer testamento y algunas joyas, aunque posteriormente cambió el testamento y aumentó la herencia que le dejaba a Catherine. Sin embargo, Charles Montague, que ése era el nombre del barón de Halifax, estaba casado, aunque no se descarta la posibilidad de que Montague y Catherine fueran amantes. Finalmente, la querida sobrina contrajo matrimonio con John Conduitt, en 1777, un aventurero sin títulos pero muy preparado, que recogió muchos datos para una posible biografía de Newton que nunca llegó a terminar. La información que acumuló Conduitt nos muestra un Newton de puertas adentro más sosegado y amable que lo habitual.

De vuelta a Cambridge, con el vacío de la desaparición de su madre definitivamente instalado en su interior, Newton reanuda la relación de amistad con su compañero del Trinity, John Wilkins, pero dentro de poco tiempo pondrá proa hacia otros diferentes derroteros.

XX. LA RELIGIOSIDAD DE ISAAC NEWTON

Newton vivió en una época que desde tiempo atrás, como hemos visto, arrastraba cambios notorios en la práctica de la religión como un fenómeno individual y social. Desde los tiempos de los Tudor, con Enrique VIII y sus sucesores, las fluctuaciones religiosas entre anglicanos, católicos y puritanos casi habían hecho zozobrar la nave del Estado inglés.

Los especialistas piensan que el ambiente familiar de Newton era bastante puritano. Sus tíos, que tuvieron influencia en la educación del pequeño cuando quedó a su cargo, eran seguramente de esta opción religiosa. Algunas características de personalidad que ya desplegó en Cambridge, austeridad, esfuerzo, pasión por el trabajo, rigidez, obsesividad, pueden muy bien atribuirse a los practicantes de esta variante del cristianismo que llegó a ocupar el poder en la Inglaterra de Oliverio Cromwell. Newton estaba preocupado por la idea de pecado y entró en una profunda depresión en el año 1662. El examen de conciencia y el arrepentimiento de los pecados forman parte de su modelo religioso y personal de conducta.

El mundo de Newton es un mundo con Dios, como ya se dijo. Para otros científicos de la época, los resultados científicos eran independientes del designio divino. El universo funcionaba de acuerdo con un plan matemático cuyas leyes podían estudiarse y demostrarse.

El estudio de la Biblia, que leía en hebreo, forma parte de las preocupaciones intelectuales y religiosas del sabio. Toda su vida consagró parte de su dedicación al desciframiento del Antiguo y el Nuevo Testamento, igual que había dedicado tiempo a los problemas e investigaciones alquímicas que tanto le interesaban.

Descubre que en el siglo IV, en unas luchas de poder dentro de la iglesia oficial, Atanasio cambió pasajes importantes de la Biblia. En esta corrección Cristo era elevado a la misma categoría que Dios y el Espíritu Santo, siguiendo la doctrina de la Santísima Trinidad.

Para Newton, como para otras religiones, Cristo era sólo un profeta, ni más ni menos que Moisés, de modo que adorar a Cristo no formaba parte de la ortodoxia tal como él la entendía. Siguiendo el método científico que tanto le apasionaba y en el que confiaba para realizar sus experimentos, llegó a la conclusión de que el misterio de la Trinidad era falso.

Ciertas teorías que habían tenido su origen en el siglo IV, a instancias de Arrio, consideraban que Cristo no tiene la misma jerarquía que Dios. Estas ideas fueron consideradas como una herejía en las conclusiones del Concilio de Nicea del 325.

Es posible, debido a estas concepciones heterodoxas, que Newton nunca fuera nombrado sacerdote, una de las condiciones para ocupar el decanato del Trinity College. Para hacerse con un cargo respetable en la Inglaterra del siglo XVII había que dar prueba de ser un buen cristiano, es decir, formar parte de la Iglesia Anglicana oficial. El rechazo que sentía Newton por la Iglesia debe haber vuelto difícil su vida con el antiguo compañero de estudios, Wickins, que era devoto y practicante del culto aceptado en Inglaterra. Después de veinte años de compartir la habitación, Newton y Wickins rompieron.

De estas creencias heréticas del científico escribe Richard Westfall:

Newton se convenció de que a la capital corrupción de la doctrina había seguido una corrupción universal de la cristiandad.
La concentración del poder eclesiástico en las manos de la jerarquía había reemplazado a la organización política de la antigua iglesia.

Sin embargo, siempre se cuidó muy bien de que estas ideas suyas «heréticas», como eran consideradas por los doctos de la Iglesia de Roma, no fueran de dominio público. De haber sido así, su carrera científica y profesional no hubiera tenido probablemente un desarrollo tan satisfactorio.

Como ocurrió con parte de sus trabajos científicos, tampoco su obra de inspiración religiosa fue publicada. La documentación que atestiguaba su inclinación a la herejía arriana y su independencia con respecto a las doctrinas oficiales de la Iglesia, tuvo el mismo efecto en sus albaceas intelectuales que la apertura de la caja de Pandora. De hecho, no fue sino hasta el siglo XX cuando estos escritos y opiniones del genio heterodoxo vieron la luz.

Mucho tiempo dedicó también Newton a la Historia y a los múltiples relatos del Antiguo Testamento. Escribió sobre este tema una *Cronología Breve* para la princesa Carolina, la esposa del futuro Jorge II. John Conduitt publicaría esta obra con el título de *Cronología Rectificada de los Antiguos Reinos*.

Cuenta su biógrafo Stukeley que, ya muy mayor, lo sorprendió trabajando en un mapa del templo del Rey Salomón, porque creía que era una copia del paraíso.

Newton no solía hacer las cosas a medias. Estudió la historia religiosa con la misma pasión científica que había dedicado a los otros temas. La conclusión a la que llega es que el cristianismo se ha apartado de la verdadera religión. Isaac identificaba la religión auténtica con el culto vestal, ya que el templo de esta diosa era circular y su arquitectura, con una llama central rodeada por siete lámparas (¡y el siete era considerado un número mágico!), representa el Sol y los siete planetas.

Los puritanos habían manifestado un profundo interés por las profecías y habían centrado las críticas más profundas de la herejía en la Iglesia romana. Sin embargo, la preocupación de Newton por las profecías no se centraba en los acontecimientos contemporáneos, sino en el siglo IV, momento histórico en el que se pierde la ortodoxia, cuando los hombres dejan de adorar al único y verdadero Dios. Hay en la denuncia de Newton un elemento anticatólico, pero también de crítica a la decadencia religiosa de la Restauración.

Newton advertía a los estudiosos de las profecías:

Pero al mundo le gusta ser engañado, no entiende, no considera nunca la igualdad y se guía siempre por el prejuicio, el interés, los elogios del hombre, y de la autoridad de la iglesia en la que vive...

Hay muy pocos que deseen entender la religión que profesan y aquellos que estudian para entenderla, lo hacen más con fines mundanos o para defenderse, que para examinar la verdad y elegir y profesar la religión que entienden como verdadera.

En 1675, para continuar con sus privilegios en el Trinity College, debía ordenarse como sacerdote anglicano, cosa que no estaba dispuesto a hacer. Después de estar a punto de enviar su carrera y su persona al límite de la nada, una dispensa real para que no le resultara obligatorio ordenarse, le permitió seguir con una existencia al margen de los condicionamientos que debían soportar las elites gobernantes, pero disfrutando de todos sus beneficios.

XXI. QUÍMICA Y ALQUIMIA: LOS RESPLANDORES DE LA PIEDRA FILOSOFAL

Uno de los aspectos más apasionantes de la vida y producción de Isaac Newton no tiene mucho que ver en principio con la ciencia, las investigaciones del método científico y sus teorías explicitadas en sus no menos fascinantes escritos. Se trata de los años y el tiempo que le dedicó a la investigación de la alquimia [1], entendida, según una explicación bastante academicista, como la precursora de la química. Si en cambio hablamos de filosofía hermética [2], la alquimia será un complejo proceso por el cual se puede conseguir la obtención de oro a partir de metales menos nobles, aunque también podría ser la metáfora de la búsqueda religiosa del Hombre o su intento por alcanzar esferas de sabiduría reservadas sólo para algunos iniciados.

En Inglaterra, Francia o Alemania, la situación con respecto a estas prácticas esotéricas, y por lo tanto secretas y también perseguidas por los poderes político y religioso oficiales, era similar a la de España. Las complejas personalidades científicas del siglo XVII como Boyle o Newton, al mismo tiempo que hacían aportaciones «respetables» al desarrollo de la ciencia moderna, dedicaban buena parte de su tiempo de estudio a realizar experimentos alquímicos.

De acuerdo con ciertos autores defensores de esta ciencia medieval, que según algunos todavía cuenta con un gran número de adeptos entre las clases cultas de las minorías dirigentes del mundo, la alquimia estaba viva en aquellos momentos no sólo porque atendía un modelo de la Naturaleza en boga en esa época, sino también porque en la Europa del XVII las noticias referentes a casos de trasmutaciones públicas efectuadas ante testigos de crédito circulaban continuamente.

La alquimia, de hecho, se cree que nació en el Egipto helenístico, de donde la tomaron los árabes, aunque el libro más antiguo conocido que trata sobre alquimia es el griego *Physika*, de Bolos Demócrito, del año 220 a.C. El Renacimiento le dio una verdadera oportunidad para desarrollarse y se convirtió en uso cortesano en los siglos XVI y XVII.

El hombre, desde el comienzo de los tiempos, sintió la necesidad de buscar una explicación a su entorno, a su origen y a su decadencia final. Según algunos estudiosos del tema, numerosos pensadores y científicos, de Ramon Llull a Newton, Alberto Magno, Helvetius y Goethe, se movieron en esa órbita, como escribe José Antonio Millán en su comentario a la *Alquimia. Enciclopedia de una ciencia hermética*. En China, el oro alquímico no era buscado con fines de lucro, sino con intereses medicinales. Estaban seguros de que este metal era inmortal y por ello, incorporado al cuerpo humano, le otorgaba todas sus propiedades. La medicina alquímica se encargaba de preparar una disolución de oro similar al elixir de la eterna juventud occidental, capaz de regenerar cada célula y recuperar la juventud y la fecundidad. Según Millán, el papiro Leiden, del siglo III, ya cuenta con alusiones a técnicas metalúrgicas y de tinción, aunque la práctica alquímica siempre estuvo vinculada a la obtención y manejo de diferentes metales.

Como se dijo anteriormente, los conocimientos relacionados con la alquimia se ocultaban en principio a los iniciados, que debían recorrer un camino de prueba para ser admitidos en sociedades secretas o grupos dedicados a estas prácticas.

La alquimia para otros investigadores tenía tres objetivos fundamentales: hallar la piedra filosofal[3] (fuente de la eterna juventud), obtener el disolvente universal y fabricar oro. Hay también dos tipos de alquimia, la superficial o exotérica, que es la más difundida pero la menos genuina, y la esotérica, más profunda, de muy poca difusión y, por la tanto, la más interesante. Había de hecho toda una serie de pistas falsas o la necesidad de una verdadera decodificación de mensajes o inscripciones cifradas para desvelar los misterios alquímicos.

Newton estaba acostumbrado a la oscuridad previa a los grandes descubrimientos y también a una dedicación obsesiva y meticulosa

Portada de Principia Mathematica, de Newton, edición de Emile Chatelet, 1749.

en sus estudios. El mundo de la alquimia, que viviría como un desafío y otra prueba en el camino del conocimiento, se ajustaba perfectamente a su trayectoria y a su idiosincrasia.

Parece que la fundación de grupos más o menos secretos, o logias, como los rosacruces [4] o los masones [5], crearon también grupos de fieles que tomaron de la alquimia la metáfora de la búsqueda espiritual del Hombre, no exenta de connotaciones religiosas más o menos ortodoxas. El último eco —que se sepa— se localiza en el siglo XX, cuando Carl Gustav Jung [6], participante del triángulo hermético y otros proyectos filosóficos, descifró la búsqueda de la piedra filosofal como un intento de desarrollo del individuo. Sin embargo, en el siglo XVII la dedicación a la alquimia no estaba bien considerada y se penaba con la muerte. Esto explicaría en parte el secretismo. De hecho, la documentación referente a la alquimia y a los estudios que de ella realizó Newton es escasa.

Thomas Pellet, de la Royal Society, fue el responsable a la muerte de Newton de valorar toda la documentación producida por el científico. Todos los documentos que estaban relacionados con la química y la alquimia no salieron a la luz y hubo que esperar al siglo XX, cuando John Maynard Keynes los compró en subasta pública en 1936. En esos documentos, guardados en cuadernos, se encontraron notas sobre el origen de las formas y las cualidades y un libro de Robert Boyle, que también se dedicó a estos temas.

Parece que ya en 1677 Newton había escrito un tratado sobre química que se perdió en el incendio de su casa. Posteriormente escribió un libro con un nombre muy sugerente para los iniciados en los temas esotéricos, *Clavis* (la llave o la clave). Según esta fuente da la impresión de que Newton cree haber hallado la piedra filosofal.

Una década después, en los 80, llevó a cabo un estudio bibliográfico llamado *Index Chimicus,* mientras dedicaba tiempo a otros estudios. La alquimia se mezcla aquí con la preocupación religiosa y en *De la gravedad y equilibrio de los fluidos* y *La vegetación de los metales* se ocupó de los metales y del lugar del Hombre en la creación.

Es muy curioso que no se haya establecido una investigación más exhaustiva de esta parte de la obra de Newton. Los especialistas se han dedicado casi en exclusiva a la valoración de la obra «ortodoxa» del sabio.

Sin embargo, donde Newton no coincidía aparentemente con los alquimistas era en la falta de rigor en la utilización del método científico. Como dice Michael White,

> *La alquimia era un mundo lleno de secretos y Newton se dio cuenta de que la mayoría de los aficionados que dedicaban su tiempo a esta materia lo hacían de forma terriblemente desorganizada.*
>
> *Newton estaba convencido de que podría contribuir con éxito a este campo de la ciencia tan inexplorado.*

Su laboratorio estaba en el jardín y creía con seriedad en la *prisca sapientia*, un saber antiguo revelado por Dios a unos pocos. Newton leyó con frecuencia libros esotéricos, a la espera de que en ese ámbito pudiera encontrar verdaderos descubrimientos. Investigaba a la vez sobre ciencia, religión y alquimia.

Una de las habilidades más incuestionables del científico era su capacidad para aprender y aprovechar todo lo que leía y estudiaba. Muchos años después de la euforia de sus estudios químicos y alquímicos, presentó en la Casa de la Moneda un texto que hablaba del proceso para refinar plata y oro con plomo.

No hay fechas exactas para localizar la dedicación de Newton a la alquimia. Lo que sí está claro es la inmersión del científico inglés en las sociedades alquímicas de su época. Estaba además en contacto con los manuscritos de Filaleteo, cuyos trabajos ejercieron gran influencia sobre él. Hay manuscritos alquímicos manejados por Newton y vinculaciones estrechas con especialistas en alquimia de su entorno. También la amistad con Boyle, John Locke y Fatio de Duillier estaba relacionada con la alquimia.

Newton tuvo al alcance de su mano y utilizó gruesos volúmenes anteriores a su época y también se dedicó a rastrear los textos de los alquimistas contemporáneos: el citado Filaleteo, Sendivogius y D'Espagnet.

Parece que se puede afirmar que el sabio dedicó mucho tiempo a los estudios alquímicos, que no excluían las prácticas de laboratorio, a finales de los años 60 y a principios de 1670.

Para los alquimistas, la naturaleza representaba lo opuesto a las teorías mecanicistas de Newton, un refugio de lo espiritual. El científico de Cambridge prestó atención a unas notas de Effararius el Monje, que escribió:

Porque un cuerpo muerto y pesado es un cuerpo imperfecto per se. *El espíritu que purga, ilumina y purifica el cuerpo es el agua.*
El alma que da vida al cuerpo imperfecto cuando no la tiene, o lo eleva a un plano superior, es el fermento. El cuerpo es Venus y femenino; el espíritu es Mercurio y masculino; el alma es el Sol y la Luna.

Para los practicantes de la alquimia, existe un principio activo: la piedra filosofal, el objeto del Arte.

Richard Westfall, al igual que otros autores, ve

el interés de Newton por la alquimia como una manifestación de rebelión contra los límites impuestos por el pensamiento mecanicista a la filosofía natural.
Si la persecución de la verdad constituía la esencia de su vida, no hay ninguna razón para creer que se hubiera podido contentar para siempre con su primera pasión.
La filosofía mecánica se había rendido a su deseo, quizá demasiado fácilmente. Insatisfecho, continuó con su búsqueda y encontró en la alquimia y en las filosofías afines, una nueva pasión, o una infinita variedad de ellas, nunca completamente reductibles. Si otras lo hastiaban, ésta sólo estimulaba el apetito que ella misma alimentaba. Newton vivió con ella más de treinta años.

Según Michael White, es gracias a su dedicación a las ciencias alquímicas y al misticismo como el científico de Cambridge pudo sentar las bases de la ciencia empírica y del pensamiento racionalista moderno.

Newton creía justamente en la antigua ciencia ahora perdida que unificaba todo el saber humano. Y escribe esto:

Y por lo tanto fue en los intentos de la auténtica religión apenas establecida cuando se sugirió a la Humanidad, a través de la estructura de los templos antiguos, el estudio de la estructura del mundo, como si fuera el auténtico templo de Dios... Por lo que, por consiguiente, la primera religión, hasta que no fue corrompida por los pueblos, fue la más racional de todas. Ya que no existe ningún modo (si se excluye la revelación) para llegar al conocimiento de la divinidad, si no es a través de la estructura de la naturaleza.

Newton quería efectivamente descubrir esta estructura de la naturaleza de la que habla, para lo cual no desdeñó ningún método de trabajo ni ninguna teoría por rara que pareciese. No se doblegaba en la búsqueda de la verdad y puede decirse que coincidían sus aspiraciones con las mismas de Roger Bacon cuando decía que *si bien no todo está permitido, todo es posible.*

Varias décadas después de la muerte de Newton, David Hume se hacía cargo de esta voluntad de descubrir la verdad suprema o de recuperar aquella *prisca sapientia* que se había perdido en el curso de los tiempos. Hume escribió que ... *estamos suspendidos entre la vida y la muerte, entre la salud y la enfermedad, entre la abundancia y la necesidad distribuidos entre los hombres por causas secretas y desconocidas que operan siempre de modo imprevisto e inexplicable.*

Para el científico moderno se pueden revisar muchos aspectos cercanos de las tradiciones alquímicas y la física moderna, especialmente los que se relacionan con la mecánica cuántica. Sin embargo, la teoría cuántica es real y una ciencia matemática rigurosa fundada en conceptos fundamentales que demuestran una coherencia evidente y una relación clara con otras disciplinas científicas. Si no existiera esta teoría, no gozaríamos de descubrimientos que se han incorporado a la vida cotidiana del siglo XXI, como las comunicaciones vía satélite, los reproductores de CD o el láser.

El lenguaje de la ciencia debe poder comunicarse y replicarse, es decir, comprobarse varias veces los resultados para validarlos. No hay ni mística ni esoterismo en la arquitectura científica de nuestra época y las investigaciones que se llevan a cabo tienen poco que ver con el espíritu y la situación religiosa del científico que trabaja en ellas. Como escribe White,

Si queremos apreciar la alquimia en la fría y clara luz del alba del siglo XXI, debemos aclamarla por haber dado al mundo algunos instrumentos y algunas técnicas útiles, todavía utilizadas hoy en día, aunque hayan sido modificadas y por haber inspirado diversas ideas en al menos uno de los grandes filósofos del siglo XVIII. Y esto debería bastar.

Sea como sea, hasta el siglo XVIII no aparecieron especialistas en química tal como se la entiende hoy en día.

La alquimia, pues, sigue inmersa en una nebulosa de misterio y sus acólitos, refugiados en lugares secretos desde los que atisban la evolución de la ciencia y probablemente también de la religiosidad del ser humano.

[1] Alquimia: Según el *Diccionario Enciclopédico de las Sectas*, de Manuel Guerra, es un esfuerzo por comprender el universo, la materia y al propio ser humano. Relaciona el poder de los metales y diversos materiales con la capacidad del hombre para ser feliz y lo vincula además con los astros. A través de diversas artes y poderes como la ciencia, la religión, el arte, se intentaba transmutar los metales poco valiosos en otros de mayor calidad como la plata o el oro.

Manuel Guerra opina como todos los expertos en los temas de alquimia:

La base filosófica de la alquimia estaba impregnada de secreto y de ritos iniciáticos.

Creían que podía provocar esa transmutación un polvo seco, llamado «elixir» o «piedra filosofal», capaz de curar las enfermedades y de rejuvenecer a las personas ancianas. Por eso se llamaba también «elixir de la vida» y «panacea universal».

Gracias a la alquimia se podían conseguir cambios biológicos, psíquicos o físicos —o eso es lo que creían sus adeptos—, por lo que el alquimista se esforzaba por alcanzar un estadio de iluminación mística. Según el autor del libro ya citado, la alquimia prefigura los estudios de química, donde se incluyen todos los aparatos que contribuyen todavía al éxito de la investigación de los laboratorios: serpentines, retortas, alambiques, hornos, etcétera.

[2] Filosofía hermética: vinculada al hermetismo, que es una creencia procedente de «Hermes Trimegisto». Gracias a los gnósticos, esta deidad egipcia fue trasplantada al mundo romano (que fue especialista, como se sabe, en el sincretismo religioso, es decir, en la adaptación de distintas religiones de otros pueblos para fundirlas y confundirlas con las propias en la época del Imperio).

Hermes en origen se refería al dios griego, el dios Mercurio de los romanos, una deidad con muchas facetas, ya que representaba a la vez al comercio, los ladrones, las matemáticas, los viajeros y la escritura.

[3] Piedra filosofal: en el lenguaje alquímico, hace referencia a la sustancia que origina todos los metales y que, a su vez, podría utilizarse para cambiarlos a todos en oro, el metal noble por excelencia. Existía la creencia de que sólo los puros y ascetas podrían tener una opción para obtenerla a través de un camino iniciático y de purificación.

A la piedra filosofal se le dieron varios nombres diferentes: león verde, serpiente, Cristo, Pelícano, Azoth, agua póntica, piedra de los sabios, entre otros. El taoísmo chino estuvo realmente obsesionado con encontrar la piedra filosofal, aunque, obviamente, hasta el día de hoy —y que se sepa— no lograron dar con ella.

[4] Rosacruces: son los integrantes de un movimiento esotérico muy elaborado. Según el autor de este libro especializado, Manuel Guerra, *Ya en sus inicios atrajo a pensadores como Descartes, quien, según dicen, tradujo al latín su nombre, Renatus Cartesius. A fin de formar con sus iniciales las de R (Rosa) C (Crux)... Más aún, el rosacrucismo hunde sus raíces en la masonería.*

Algunas secciones rosacruces remontan su pasado supuestamente al antiguo Egipto en épocas de Akenatón (s. XIV a.C.), el faraón hereje, que estableció una especie de monoteísmo en sus dominios.

Visto sin excesivo detenimiento, el rosacrucismo parece una especie de gran resumen de todo tipo de teorías y sectas, biografías, misterios de la Gran Pirámide y se relacionan con los movimientos de la Edad Media y el Renacimiento (alquimia, cábala, catarismo, etcétera), aunque fue precisamente en el siglo XVII, el de Isaac Newton, entre los años 1614-1616, cuando dan a conocer sus manifiestos.

Está cada vez más claro y si alguna originalidad puede tener este libro luego de las voluminosas y doctas biografías escritas sobre el científico inglés es, justamente, recoger otras pistas, aparte de las estrictamente científicas relativas a las matemáticas, física, astronomía, de la época.

El siglo XVII y la vida compleja, a veces parcialmente desconocida, de Newton solicitan un enfoque algo más heterodoxo que el que tradicionalmente se ha venido dando a su biografía, si se exceptúan autores como Michael White, que escribió *Newton, el último mago,* o las opiniones tan peculiares del poeta y pintor inglés William Blake, que resumiremos también más adelante.

[5] Masonería: se la conoce con otros nombres como «orden», «francmasonería» y también como «el arte». Se trata de una secta, organización o grupo que, como los rosacruces, también tiene sus comienzos —según los miembros— en los orígenes del tiempo. Estas fuentes proceden de la India, de Caldea y —cómo no— de los templos egipcios de Tebas, Menfis y otras capitales legendarias de la trayectoria egipcia. También se la vincula a las organizaciones de artesanos de todo el mundo, que recibían a los hombres provenientes de los cuatro puntos cardinales porque, finalmente, todas las criaturas humanas son producto del Gran Arquitecto del Universo.

Según Manuel Guerra, autor del libro especializado en sectas ya mencionado:

La masonería no es una «doctrina», sino un «método», que permite el librepensamiento y la libre discusión de cualquier problema con tal de que se respete el parecer de la mayoría. Todo es discutible menos el método mismo, afirma.

Pero esta concepción descubre la base de la doctrina y creencias masónicas, a saber, el relativismo, proclamado antes por el jinismo hindú, por los sofistas atenienses, a saber, no existe nada absoluto e inmutable.

Por eso el masón rechaza cualquier verdad dogmática, la moralidad objetiva, así como las instituciones dogmáticas, dentro de las cuales, consideran a la Iglesia Católica una de las más representativas.

[6] Carl Gustav Jung (1875-1961): psiquiatra suizo, de origen protestante, colaborador de Sigmund Freud con el que luego tiene conflictos que llevan a la ruptura entre los dos científicos. Jung pasa del inconsciente individual freudiano al colectivo, desde donde arranca su teoría de los arquetipos, su preocupación por la alquimia y por la simbología. Al igual que Isaac Newton y el arrianismo, estaba preocupado por la teoría de la Trinidad cristiana, que trató de explicar haciendo alusión a los arquetipos.

Michael White, autor ya mencionado de *Isaac Newton, el último mago* y otros libros sobre el sabio (véase la bibliografía), comienza la introducción de su libro explicando que Newton figura en la lista de los personajes más influyentes de la historia, junto con Mahoma o Jesucristo. Pero también comenta que su biografía a menudo fue interpretada a la luz de unas coordenadas falsas o poco ajustadas.

Según White, fue necesario llegar a los años treinta para poder descifrar la verdad de la biografía de un científico a quien se había considerado *omnipotente, ajeno a las más mezquinas realidades de la existencia humana, de un Newton que fue considerado la esencia más pura de la investigación científica, una esencia destilada, un genio no contaminado.*

Alrededor de un año después de la muerte de Newton, siempre de acuerdo con las teorías de White, William Stukeley, uno de sus más conocidos biógrafos, hoy de más renombre a causa de sus estudios sobre el druidismo y la mitología antigua, fue el primero en escribir sobre la vida del sabio. En los años veinte del siglo XVIII dio a conocer sus *Memorias de la vida de Isaac Newton,* que es una descripción ortodoxa del científico, a quien ha elevado a la categoría de héroe. Stukeley había conocido bien a Newton, pero especialmente en la última década de su vida, aunque lo había idealizado y elevado casi a un status de semidiós.

El libro de Sir David Brewster *Memorias de la vida, escritos y descubrimientos de Sir Isaac Newton,* que vio la luz en 1855, sigue las huellas del anterior y peca de exceso de idealización: Newton es un ser perfecto, no tiene defectos y transmite un perfil ajustado como un guante a la propia imagen que el sabio había querido legar de sí mismo a la posteridad. Evidentemente, con esta orientación, no podían descubrirse las verdaderas contradicciones que atravesaron la larga y compleja existencia del sabio y que hicieron exclamar a Maynard Keynes, el economista de Bloomsbury: *Este extraño espíritu, tentado por el Demonio a creer que podía llegar a alcanzar todos los secretos de Dios y de la Naturaleza con el único poder de su mente, era Copérnico y Fausto en una sola persona.*

Como explica Michael White, nadie discute la sabiduría de Newton ni la importancia de sus teorías y descubrimientos, especialmente los *Principia*, una descripción compleja y sofisticada de la arquitectura del universo. Pero el científico fue antes que nada —según este autor citado— un hombre esquivo, encerrado en sí mismo, alejado del mundo, que por largos períodos se aisló del fluir cotidiano de los acontecimientos. Sin embargo, desde otros puntos de vista fue un inconformista y, especialmente importante para White, un alquimista.

Parece que, una vez muerto el científico y cuando ya no tenía sentido esconder sus verdaderas preocupaciones religiosas e intelectuales, afloraron las verdaderas inquietudes de Newton, el estudio de la cronología de la Biblia, las profecías, la magia y, especialmente, la búsqueda del desvelamiento de los secretos herméticos: la *prisca sapientia,* la sabiduría antigua, anteriormente mencionada.

La historia verdadera de la existencia de Newton —el místico, neurótico y obsesivo científico según White— se vio a las claras cuando, en 1936, John Maynard Keynes compró una colección de cartas que ya habían sido ofrecidas 50 años antes a la Universidad de Cambridge, que rehusó adquirirlas por considerarlas de nulo valor científico. Este economista las cedió diez años después al King's College de Cambridge, pero previamente consultó y descifró manuscritos, documentos y cuadernos del sabio. Finalmente, en 1942, Keynes dio una conferencia en el Club de la Royal Society, dando un giro copernicano a la biografía de Newton, tal y como había sido tratada hasta ese momento. En aquella ocasión, dijo:

En el siglo XVIII, y desde entonces, Newton pasó a ser considerado como el primero y el más grande entre los científicos de la Edad Moderna: un racionalista, alguien que enseñó a pensar siguiendo el razonamiento frío e imparcial.

Yo no lo veo de esta manera. Creo que nadie que haya meditado sobre los materiales encontrados en esa caja, ordenada por el propio Newton cuando abandonó Cambridge en 1696, puede considerarlo de esa forma.

Newton no fue el primer científico de la edad de la razón. Fue, en todo caso, el último entre los magos, el último de los babilonios y los sumerios, la última gran mente, volcada en el mundo del pensamiento y de lo visible, con los mismos ojos de aquellos que comenzaron a construir nuestro patrimonio intelectual hace poco menos de 10.000 años.

Isaac Newton, hijo póstumo nacido sin padre el día de Navidad del 1642, fue el último niño prodigio al cual los magos le habían podido tributar un homenaje sincero y apropiado.

Keynes se sintió fascinado por sus hallazgos y tuvo la suerte de haberlos descubierto en una época que estaba preparada para recibirlos. De todas estas revelaciones se descubrió que Newton había sido un hombre difícil y extraño, emotivamente comprometido por una infancia infeliz y numerosas disputas con sus contemporáneos por la autoría y los límites de obras científicas y descubrimientos importantes. Sin embargo, muchos biógrafos, siguiendo el rastro de Stukeley, habían obviado este tipo de información sobre la vida del científico.

Lo que salió a la luz, después de los descubrimientos de los materiales comprados por Keynes, no fue muy halagador. Comenzaba a emerger un Newton humano, con sus manías y sus características de personalidad difícil, aislada y con unos defectos que, como dijo Sir Christopher Wren, su contemporáneo, *no debemos preocuparnos por disminuir la importancia de un milagro, por el hecho de haberlo explicado*. Pero lo importante es que fue también este personaje sólo contemporáneamente descubierto, el que cambió la concepción del universo.

El problema de la interrelación entre los descubrimientos y estudios científicos y de alquimia en la obra de Newton es un tema todavía muy poco resuelto.

A todo lo que es evidente sobre el material que debió decodificarse, hubo que agregar la complicación del uso de latín y la menuda caligrafía del sabio. Se trata de una actividad que ocupó a varios autores durante otros sesenta años y que todavía continúa.

Betty Jo Dobbs, norteamericana (autora citada en la bibliografía), realizó un vasto cuerpo de investigaciones que plasmó en dos obras eruditas: *Los fundamentos de la alquimia de Newton,* de 1975, y *La doble cara del genio: el rol de la alquimia en el pensamiento de Newton,* 1991.

Sin embargo, como piensa White, no es fácil conjugar la codificación de un material complicado del siglo XVII, con los parámetros que se tienen en los comienzos del tercer milenio. Para White, la mutua influencia entre alquimia y ciencia existió e influyó de manera decisiva en el descubrimiento de todos los hallazgos científicos que cambiaron la concepción del cosmos. O para decirlo en pocas palabras: *los estudios de alquimia y de ciencia de Newton estuvieron inextricablemente vinculados, ya que Newton mismo expresó que un hombre puede imaginarse cosas falsas, pero sólo logra comprender cosas verdaderas.*

XXII. EL CIENTÍFICO ARTESANO

A Newton siempre le encantaron los trabajos manuales. Su entrada en el mundo de las ideas y la ciencia debe agradecérsela a la fabricación de un artefacto.

Al sabio le fascinaban las maquetas, los diseños y las máquinas de todo tipo, y en su compañía se pasaba largas horas de trabajo. Amaba el dibujo desde sus años infantiles, una ocupación que le resultaría muy útil *a posteriori* para explicar y organizar sus teorías. El mundo de la óptica se beneficiará de su capacidad para plasmar gráficamente ideas que de otro modo hubieran resultado difíciles de explicar y de desarrollar. Pero no sólo se dedicaba a dibujar esquemas y gráficos científicos, sino que también se volcó en el dibujo a carboncillo de objetos de la vida cotidiana copiados de libros y del natural.

Superando la fase estática, Newton comenzó a fabricar artilugios móviles, que funcionaban perfectamente. Le encantaban los relojes y construyó diversos tipos de ellos. También fabricó molinos de viento y un molinillo para moler maíz. Unos ratoncillos, prefigurando los laberintos de los psicólogos conductistas, los movían para conseguir la comida como recompensa por el trabajo realizado. Sentía auténtica pasión por los cometas y fabricó también linternas de papel. Puede decirse que toda su vida construyó sus propios instrumentos que le permitían desarrollar sus teorías. Es una actividad, la manual, el modelismo, a la que se dedicó todo su esfuerzo. La óptica le empezó a interesar relativamente pronto: desde los años sesenta. Comienza a trabajar con lentes, pero se da cuenta de que son muy imperfectas. Entonces tuvo la idea de fabricar las suyas propias. Pulió los cristales para intentar corregir la aberración cromática. También construyó espejos metálicos con una mezcla especial y reprodujo un experimento parecido al que realizó Arquímedes cuando contribuyó a destruir la flota romana. Con un artilugio formado por seis espejos cóncavos, colocados rodeando a un séptimo, fascinó a los miembros de la Royal Society.

La alquimia era una disciplina para especialistas habilidosos, porque tenía también mucho de actividad manual y artesanal. Verdaderos laboratorios «avant la lettre», los aprendices de magos construían todos los aparatos que necesitaban para embarcarse en los procelosos mares que llevaban a la obtención de la piedra filosofal o la transmutación de los metales en oro. En *Quaestiones*, uno de sus famosos cuadernos de notas, se incluye una receta para mejorar el rendimiento de crisoles y ollas.

Lo mismo que le había sucedido con las lentes, bastante imperfectas, con las que intentaba trabajar, Newton encontró dificultad para obtener una alta rentabilidad de los telescopios de su época. Durante su *annus mirabilis*, ya se había sumergido en el estudio de los astros, pero se había encontrado con la dificultad de los telescopios de refracción. Newton no se arredraba ante las dificultades de los experimentos, de las teorías, de los conflictos con opositores, detractores y amigos. De sí mismo alguna vez escribió:

No sé lo que le parezco al mundo, pero para mí mismo tengo la impresión de ser solamente como un muchacho jugando a la orilla del mar y divirtiéndome en encontrar de tanto en tanto un guijarro más liso que los demás o una concha más hermosa de lo habitual, mientras el gran océano de la verdad se extiende aún por descubrir ante mí.

Los telescopios de refracción sufren alteraciones en la imagen, especialmente en los extremos de las lentes. Aunque se aumentara el tamaño del telescopio, el problema no desaparecía. En 1663, James Gregory, matemático escocés, dio a conocer un libro llamado *Optica Promota*, en el que aparece un telescopio de reflexión. Sin embargo, nadie pudo o quiso construir un aparato según este modelo. Cuando Newton tuvo conocimiento del texto, intentó plasmar un telescopio. Lo consiguió y el artilugio permitió aumentar cuarenta veces un objeto lejano.

Podría decirse que el telescopio de reflexión, ideado por el sabio de Cambridge, es el antepasado de los actuales, aunque su diseño fue mejorado por el francés Guillaume Cassegrain, que es quien finalmente puede considerarse el padre de los actuales telescopios.

XXIII. LOS GRANDES HALLAZGOS DE NEWTON

EXPERIMENTANDO CON EL ARCO IRIS Y EL CÍRCULO GIRATORIO

En la primavera de 1664, paseando por una feria de las que circulaban por los pueblos y las ciudades de entonces y de ahora, Newton y su compañero de habitación, John Wickins, descubrieron un prisma. El sabio, que llevaba ya varios años de pruebas y experimentos, lo compró. Manipulándolo en su habitación del Trinity, vio que la luz natural que atravesaba el prisma formaba los colores del arco iris.

Newton descubrió en la descomposición de la luz, los colores que iban del violeta al azul, incluyendo el verde, el amarillo, el naranja, entre otros. De este fenómeno nuevo para él escribió: *Lo mantengo siempre delante de mí y espero hasta que los primeros destellos del alba llegan lentamente y, poco a poco, se convierten en una clara y brillante luz.*

Nadie sabía cómo se producía este fenómeno, pero para Newton pronto se convirtió en un nuevo desafío. Al arco iris descubierto le dio el nombre de «espectro», que es el efecto que se produce cuando un rayo de luz pasa a través de un prisma. A continuación, manipulando el prisma y gracias a la ayuda de otro nuevo, comprobó que la luz solar estaba compuesta por todos los colores del espectro. Si se hacía incidir un tipo de luz sobre el prisma, sólo se conseguía que siguiera saliendo el mismo color de luz.

Faltaba, sin embargo, encontrar una explicación racional a estos fenómenos. Es decir, por qué cuando se hacía incidir luz blanca sobre el prisma se obtenía el arco iris. Luego había que comprobar si las distintas bandas de color conseguidas seguían produciendo el mismo efecto. Newton dedicó a estos experimentos un tiempo considerable. Y pensó que podrían expresarse en un lenguaje matemático.

El sabio no se contentaba con hechos aislados; a partir de fenómenos individuales intentaba desarrollar teorías. Debido a esto se lo puede considerar un pionero del método científico y uno de los grandes en los anales de la historia de la ciencia.

Su ayudante, Humphrey Newton, escribió sobre su forma de trabajar: *Nunca lo vi entretenido con cualquier pasatiempo; ni siquiera montar a caballo para tomar el aire, o pasear, o jugar a los bolos, o hacer cualquier otro ejercicio. Pensaba que todo pasatiempo era tiempo perdido para sus estudios.*

Sobre su austeridad, vivía prácticamente como un pobre, olvidándose de comer y dormir cuando trabajaba. Especie de ermitaño dedicado en exclusiva a la ciencia y a sus proyectos, el primer biógrafo de Newton, W. Stukeley, dejó también un testimonio sobre su forma de ser: *Su desayuno consistía únicamente en pan, mantequilla y una infusión con un trozo de cáscara de naranja en agua hirviendo que endulzaba con azúcar. Normalmente bebía agua y solamente tomaba vino en la cena.*

Como colofón a un seguimiento sin desmayos, Newton llegó a la conclusión de que la luz, reflejada por todo lo que contemplamos, es captada por nuestros ojos. Vio que la luz visible está compuesta por los distintos colores del arco iris. Cuando se juntan todos, se produce la luz blanca que vemos. Cuando el espectro está incompleto, desaparece la luz blanca y entonces vemos un color. Cuando se dio cuenta de que la luz estaba compuesta por las bandas de color del espectro, intentó recomponerlas para saber si podría volver a conseguir la luz blanca. Siguió con los experimentos con la luz, hasta llegar a la conclusión de que la luz blanca estaba formada por todos los colores del arco iris.

Sin embargo, había sido René Descartes el primer científico que había tratado de indagar en el misterio de los colores. Descartes reconocía un fluido al que daba el nombre de éter, donde flotaba la materia. Para el filósofo francés, la luz es una presión que se transmite gracias al éter y la composición que realizamos de los colores y las cosas es el resultado de esa presión sobre los ojos.

Descartes también descubrió que podía estudiar los colores y la luz con prismas y reflejó esta aventura en *Los Meteoros*. Él también consiguió colores, haciendo pasar un haz de luz por un prisma.

También Hooke dedicó muchas horas al estudio de la luz, pero, a diferencia de Newton y Descartes, no utilizó los prismas, sino que optó por utilizar un haz de luz en la superficie de un recipiente de agua, proyectando la imagen en una pantalla.

Newton plasmó sus ideas sobre los colores en un experimento que relata de esta manera:

La extirpación gradual de esas sospechas, me condujo al experimentum crucis, que era éste: tomé dos tableros y situé uno de detrás del prisma en la ventana, de modo que la luz pudiera pasar a través de un pequeño agujero hecho en él con esta finalidad y cayera sobre el otro tablero, que situé a unos 12 pies de distancia, habiendo hecho primero un pequeño agujero también en él, por el cual pudiera pasar algo de esa luz incidente.

Luego situé otro prisma detrás de este segundo tablero, de modo que la luz, en su trayecto a través de ambos tableros, pudiera pasar también a través de él y ser refractada nuevamente antes de llegar a la pared...

XXIV. EL CÍRCULO GIRATORIO

Newton avanzó un paso más en sus investigaciones, viendo que las distintas bandas de color del espectro eran de intensidad diferente: efectivamente, en la Naturaleza hay menos rojo que azul. Para demostrarlo, tal y como era su costumbre, dibujó un círculo de cartón y lo pintó en siete partes diferentes, que representaban las siete bandas del arco iris. Se las arregló para hacer girar el círculo lo más rápido que pudo y comprobó que cuando el círculo giraba a esta velocidad, las diferentes bandas recomponían la luz blanca.

Estos descubrimientos vieron la luz muchos años más tarde, pero las noticias de los experimentos newtonianos beneficiaron a la ciencia. Se mejoraron las gafas y los microscopios, que eran bastante primitivos en tiempos del sabio, con lo que sus experimentos redundarían en beneficio de las ciencias médicas y la calidad de vida de sus contemporáneos.

Apareció una nueva ciencia, la espectroscopia, el estudio de los espectros, un siglo después. Las consecuencias de los trabajos de Newton, como dicen los escritores y biógrafos que se han ocupado de su vida y su obra, todavía nos permiten mejorar nuestro nivel de vida y mantener las expectativas que se siguen abriendo para los nuevos descubrimientos de todas las ciencias.

XV. LOS *PRINCIPIA MATHEMATICA*

El libro *Philosophiae Naturalis Principia Mathematica* (Principios Matemáticos de Filosofía Natural) se presenta en abril de 1686 a la Royal Society. Uno de los temas relevantes que estudia es una ley de energía que une todas las partículas de materia en el universo. Está escrito en latín, para continuar con la filosofía de que el conocimiento sólo debía caer en manos de los que pudieran valorarlo, de las elites preparadas para ello, como las que formaban parte de los viejos alquimistas medievales.

La obra está estructurada en tres libros y se plantea el movimiento en el cosmos. Se basa en la geometría, más que en el cálculo diferencial. En el primer libro enuncia sus leyes del movimiento, que ya habían estudiado Kepler y Galileo.

Primera ley: todo cuerpo continúa en estado de reposo, o de movimiento uniforme en línea recta, a menos que sea obligado a cambiar ese estado por fuerzas impuestas sobre él.

Segunda ley: el cambio de movimiento es proporcional a la fuerza motriz que se imprime y se efectúa en la dirección de la línea recta en que se aplica dicha fuerza.

Tercera ley: a cada acción siempre hay opuesta una reacción igual. También puede expresarse de esta forma: la acción mutua de dos cuerpos el uno sobre el otro es siempre igual y dirigida a las partes contrarias.

Sólo la tercera ley es realmente producto de su cosecha, ya que las dos primeras provienen de Galileo.

La tercera ley estudia la atracción de los cuerpos como recíproca. Es decir que la Tierra influye sobre la Luna y viceversa. En esta obra Newton aborda también el concepto de masa, entendido como la cantidad de materia que tiene un cuerpo independientemente de su volumen. La masa es, además, independiente de la posición o movimiento del cuerpo.

El Libro II de los *Principia* estudia los fluidos. Parece un poco ajeno al anterior, aunque vuelve sobre las teorías cartesianas y demuestra que el concepto de vórtice no es correcto luego de establecido su nuevo paradigma de mecánica. Además, aparece en el Libro II una valoración de la forma de los cuerpos, para ofrecer una resistencia menor, una fórmula para la velocidad del sonido en el agua y un trabajo sobre movimiento ondulatorio.

El Libro III se titula *Sistema del Mundo* e incluye la famosa proposición: *dos cuerpos cualesquiera se atraen con una fuerza que es proporcional al producto de sus masas, e inversamente proporcional al cuadrado de la distancia entre ellas*. Estableció además las bases para el estudio de las mareas, que tanto quebradero de cabeza baldío habían dado hasta entonces a los científicos.

El tratado tuvo una buena recepción, a pesar de lo complicado de su lectura. Halley opinó que el libro *da una demostración matemática de la hipótesis copernicana, tal como es propuesta por Kepler y elabora todos los fenómenos de los movimientos celestes por la única suposición de una gravitación hacia el centro del Sol, que decrece en relación con los cuadrados de las distancias recíprocas.*

Newton tuvo problemas de autoría con estos conceptos, como los había tenido con otros. Hooke, por ejemplo, se obstinaba en decir que el verdadero descubridor de la ley del cuadrado inverso era él.

En vez de razonar, discriminar y conceder a cada cual lo suyo, si es que hubiera que proceder así, Newton hizo que la discusión subiera de tono y escribió a Halley explicándole que no iba a publicar el tercer libro, que era el más decisivo para sus teorías. Éste trató de mediar, convenciendo al autor de los *Principia* de que las reclamaciones de Hooke no tenían importancia y de que nadie iba a tenerlas en cuenta. Halley recibió a principios de 1667 el segundo libro de los *Principia* y en abril el tercero. En menos de seis meses los tomos de los Principia vieron la luz pública. Según piensa James Carvell en *Ingenieros famosos, compendia todos sus trabajos sobre mecánica y muchos la consideran el trabajo científico más importante que se haya realizado nunca.*

Los *Principia* contenían todo el material que posteriormente se conocería como las leyes del movimiento del científico inglés. En esta obra se trataba de tres leyes del movimiento, pero la primera se ocupa del concepto de inercia y es la que tiene una aplicación más extendida.

Como es de dominio público, inercia es la resistencia de todos los objetos a cambiar en su estado de movimiento. En la actualidad nada hay más conocido que los conceptos de inercia y fuerza. Los manejan hasta los alumnos de Bachillerato en sus primeros años. Pero en tiempos de Newton se trataba de ideas revolucionarias. El mérito del sabio fue explicar que era imprescindible que existan fuerzas sobre un objeto para causar el efecto de vencer la inercia o cambiar su recorrido.

Ya mil años antes de esto, el filósofo griego Leucipo había expresado que *nada ocurre sin una causa, todo ocurre por una causa y por una necesidad.*

Ése es el mérito del científico inglés sobre los griegos y los intentos de los científicos hasta Galileo: Newton pudo predecir el efecto de las fuerzas con distintas intensidades actuando sobre diferentes objetos. La ciencia de Newton —una diferencia fundamental que lo separaba años luz de sus propios contemporáneos— era predecible y sistemática. Sus ideas se convertían en leyes irrefutables aplicables a casi todo tipo de fenómenos diferentes: el envío de vehículos espaciales a otros planetas o la trayectoria de una bola de billar en una superficie pulida.

Sus contemporáneos y los científicos precedentes que trabajaron sobre estos temas, creían que los objetos sufren cambios internos que modifican su trayectoria, cuando Newton pudo demostrar que en realidad actuaban fuerzas externas a los propios objetos.

Gracias a los *Principia*, cambió el concepto del mundo para científicos e ingenieros. Se incorporaron las leyes de Newton en la fabricación y diseño de máquinas, relojes, artilugios científicos, cuyos comportamientos se podían predecir.

La ciencia, a partir de Newton, no volvió a ser la misma. El científico preparó la Revolución Industrial, aunque no todo el mundo estuviera de acuerdo con la peculiar idea de progreso y trabajo del hombre que este movimiento social y económico trajo consigo. Efectivamente, las aplicaciones posteriores a que dieron lugar los hallazgos de Newton, revolucionaron el universo de la ingeniería y de la ciencia.

Gracias a Newton y sus leyes del movimiento, vieron la luz la primera máquina de vapor perfeccionada por James Watt y los gigantescos barcos de vapor de Brunel.

La arquitectura y la ingeniería también se beneficiaron de los estudios del sabio: contribuyeron a resolver problemas relacionados con la construcción de enormes edificios como el Empire State de Nueva York.

La ingeniería mecánica le debe también mucho al científico de Cambridge. Los ingenieros espaciales, diseñadores de prototipos automovilísticos y satélites utilizan los fundamentos científicos newtonianos.

La carrera espacial y la llegada del hombre a la luna, si es que efectivamente tuvo lugar (algunos escépticos sugieren que nunca se produjo), también son deudoras de las teorías del físico de Cambridge.

En Europa empezó a considerarse los *Principia* como la mejor creación científica nunca concebida. El libro finalmente no fue coto cerrado de unos pocos, como quería su autor, sino que se difundió entre periodistas, profesores y curiosos del conocimiento. Se simplificó la obra para hacerla accesible al gran público y henos aquí todavía leyendo los avatares de la vida y obra de un científico como el que nos ocupa.

En el libro *La Historia del descubrimiento científico*, editado por John Meadows, se puede leer:

La Revolución Científica fue tan importante para el desarrollo de la Humanidad que los historiadores modernos hacen honor a ellos escribiéndolo con mayúsculas.

La nueva forma de ver el mundo que ésta introdujo tuvo una primera tentativa con la publicación de la obra de Copérnico en 1543. Y alcanzó su triunfal aceptación con la aparición de Principia, de Isaac Newton, en 1687.

Como escribe Richard Westfall,

Los Principia *dieron una nueva dirección a la vida intelectual de Newton, dominada por más de una década por la teología y la alquimia.*

Interrumpieron sus estudios teológicos, que no volvió a retomar en otros veinte años, y no terminaron con su carrera de alquimista, pero desviaron el rumbo de los conceptos alquímicos de su mundo privado de imaginería arcana a un inesperado y concreto reino del pensamiento, donde el rigor de la precisión matemática podía colaborar en la tarea de volver a dar forma a la filosofía natural.

Se trata de una obra mencionada por todos pero de lectura azarosa y difícil. Newton resuelve en este libro el problema de los movimientos planetarios y los une a los terrestres gracias a una dinámica igual y a una ley de gravitación universal. Se ocupa también de fenómenos como la acústica, la hidrodinámica, la hidrostática, el movimiento de los cometas o de las mareas. Critica la hipótesis cartesiana de los vértices y organiza reglas prácticas para la derivación e integración de funciones.

Hay también en la obra de Newton una aproximación a la Naturaleza y de presentación del conocimiento adquirido por métodos matemáticos: la rama del saber que a partir de su trabajo se llamará Física.

Existe un cierto desconocimiento de su obra, vinculado al esfuerzo que hay que hacer para abordarla, y sobre todo en aquel latín en el que la había escrito, que tuvo muchas traducciones a diversas lenguas.

La primera edición de *Principia* fue de 300 o 400 ejemplares, y estuvo a cargo de Edmund Halley en persona. El libro dio lugar a cuatro recensiones en publicaciones científicas, una firmada por el propio Halley en *Philosophical Transactions*. Hay una muy favorable, aunque incompleta, atribuida a Locke, que se publicó en la Bibliothèque Universelle. La tercera recensión se encuentra en las *Acta Eruditorum* de Leipzig y refleja la relevancia de una obra como los *Principia*. La última crítica aparece en el *Journal des Sçavants*. Presenta un enfoque muy crítico porque considera que los *Principia* son una obra «hipotética».

Habrá una nueva edición, que suscitó controversias y problemas entre el editor y su autor, como era previsible. El autor decidió revisar seriamente su obra por sugerencia del humanista y teólogo Richard Bentley, del Trinity College, que le encargó el trabajo de un Prefacio y correcciones, a Roger Cotes, matemático de pro-

La primera versión saldrá mejorada con la intervención de Cotes, que también dio ánimos a Newton para encargarse de revisar a su vez el texto en profundidad.

La segunda edición, que constaba de 700 ejemplares, apareció en 1713. Pero entonces ya el nombre del científico era ampliamente conocido en el mundo intelectual de la época. Estos ejemplares de la segunda edición se agotaron en un plazo breve de tiempo. Le siguieron dos nuevas ediciones en 1714 y 1723, en Amsterdam.

La tercera edición es la más completa y radical y contó esta vez con 1.250 ejemplares, que aparecieron en 1726, el año de la muerte del autor.

Existe una edición en español, con anotaciones y comentarios de Antonio Escohotado, de Editora Nacional. Para esta traducción se usaron dos fuentes. Primeramente una impresión facsímil del libro original en latín, después de la última revisión del autor en 1726. Para ello se utilizó la edición de variorum de Koyré y Cohen. La segunda fuente fue la primera versión inglesa, que había aparecido en 1729, puesta al día por el matemático Cajori, que incorpora el Sistema del Mundo, que el autor plasmó de manera más coloquial, como colofón de los *Principia,* desplazado posteriormente por el Libro Tercero.

Según escribe Antonio Escohotado, *en la Oda compuesta para Newton por E. Halley, que abre los* Principia, *se destaca como uno de los grandes valores del libro haber librado a los hombres del miedo irracional a «horribles» cometas y a las «apariencias de estrellas barbudas».*

Oda dedicada a Newton por Edmund Halley
Al muy ilustre varón
Isaac Newton
Y a este su trabajo físico-matemático,
Signo egregio de nuestro tiempo y nuestra estirpe

Contempla tu penetrante mirada la pauta de los cielos
Y el equilibrio de las masas en cálculos divinos
Traza las omnipresentes leyes que el creador violar
No quiso, tomando como cimientos de sus obras.

Ya no se oculta la fuerza que mueve el orbe más lejano,
Ganados al fin los lugares más recónditos de los cielos.
Encaramado sobre su trono el Sol ordena a todas las cosas
Tiende hacia él por inclinación y caída,
Y no parece que los cursos de las estrellas sean rectos
Mientras se mueven cruzando el vasto vacío;
Sino que consigo mismo como centro acelera los orbes
En inmóviles elipses. Conocemos ahora los rumbos
Bruscamente cambiantes de los cometas, otrora fuente
De pavor; no temblamos ya acobardados bajo apariencias
De astros barbados. Aprendimos al fin por qué la Luna
Pareció en otro tiempo viajar con pasos desiguales,
Como negándose —burlona— a someter a números su andadura,
Hasta hoy misteriosa para todo astrónomo; aprendimos
Por qué aunque las estaciones se van y luego vuelven
Las Horas se mueven siempre adelante en su camino;
Y explicadas también están las fuerzas de lo profundo,
Como la errante Cyntia agita las mareas, por lo cual
La resaca, abandonando ahora los sargazos junto a la orilla,
Expone bancos de arena sospechados por los marinos,
Volviendo luego a lanzar sus altas olas sobre la playa.
Son contempladas ahora a la luz de la razón,
Disueltas al fin por la ciencia las nubes de ignorancia,
Cuestiones que humillaron la mente de antiguos sabios
Y a nuestros instruidos doctores suelen conducir
A pretensiones no por voceadas menos vanas. Aquellos
Sobre quienes el espejismo arroja su lóbrego manto de duda
Alzados ahora sobre las alas cedidas por el genio sublime
Pueden penetrar en las mansiones de los dioses
Y escalar las alturas del cielo.
Alzaos, hombres mortales, y apartando cuidados terrenos
Aprended la potencia de una mente de celeste linaje
Retirada del rebaño en su pensar y vivir.
Quien con las tablas de la ley prohibió el crimen,
El robo, el adulterio y los fraudes del perjurio,
Instalando a pueblos nómadas en urbes rodeadas de
Murallas fue el fundador del Estado.
Quien bendijo la raza con el don de Ceres,

Quien extrajo de las uvas un bálsamo curativo,
O mostró cómo sobre un tejido hecho de juncos
Que crecen en las márgenes del nulo pueden grabarse
Símbolos de sonidos, presentando así la voz a la vista,
Ese hombre iluminó al humano lote aligerando
Las miserias de la vida con cierta felicidad.
Pero ved ahora que, admitidos al banquete de los dioses,
Contemplamos la política del cielo
Y haciendo patentes los secretos ocultos de la Tierra
Discernimos el orden inmóvil de las cosas
Y lo que decretaron en el pasado los siglos del mundo.
Venid, pues, los que sabéis deleitaros con el néctar
Celestial a celebrar conmigo en cánticos el nombre
De Newton, grato a las Musas, porque él
Abrió los tesoros ocultos de la verdad:
Tan caudalosamente derramó Apolo, el Sol, en su espíritu
Y en su pecho puro el resplandor de su propia divinidad
Ningún mortal puede acercarse más a los dioses.

Es evidente que en los astros residía el orden de las estaciones, el paradigma de casi toda la Creación. Sin embargo, sigue escribiendo Escohotado,

la respuesta humana ante problemas como el planteado por el orden del cielo es uno de los principales motivos para atribuir realidad a la idea de progreso.
Es también una pormenorizada sucesión de errores y arbitrariedades, conceptualizable como historia de sonámbulos que se fueron tropezando en dicho estado con las leyes del movimiento y la materia.

El lector parece agotarse ante casi un millar de teoremas y proposiciones, ya que es posible que tenga la tentación de acudir a explicaciones más resumidas de epígonos en autores como Laplace o Lagrange.

En un lapso muy prolongado de tiempo, casi el de la propia Historia de la Humanidad, el ser humano considera la astronomía desde el punto de vista práctico y útil. Faltan medios en esas épocas

Capilla del King´s College (Cambridge, Gran Bretaña).

del comienzo de la historia. Esta etapa dura muchos siglos, pero con interrupciones de luz, ya que Ptolomeo y Aristóteles habían esbozado, en su tiempo, el estudio inteligente del qué y el cómo de los cielos y los astros.

Hay datos de que también los chinos, probablemente ya en el año 2608 a.C., habían construido un protoobservatorio astronómico. Estaban muy interesados en corregir el calendario y hacer horóscopos más o menos exactos. La ciencia china estaba, de todos modos, muy avanzada, porque contaban con un año de 365,25 días.

Son conocidos todos los conocimientos que poseían los habitantes de Mesopotamia sobre astronomía. Los babilonios ya controlaban los movimientos planetarios.

Los egipcios, por su parte, fueron, según los griegos, los padres de las matemáticas, aunque sus conocimientos de los cielos no fueran, para algunos expertos posteriores, excesivamente llamativos.

En Mesoamérica, a menudo tan olvidada, los mayas tenían un cómputo del tiempo de gran exactitud, ya que su año era de 365 días y podían predecir eclipses de Sol y Luna, aunque es probable que hubieran adquirido parte de su saber de otros pueblos más antiguos, posiblemente conquistados.

No es necesario repetir los descubrimientos del mundo griego que fueron valorados al pasar, intentando establecer hitos en la historia de la ciencia anterior a Newton, aunque ya el científico de los *Principia* hace sucesivas alusiones a los logros de personajes o culturas anteriores a la Inglaterra del siglo XVII. Newton cita *la autoridad de los más antiguos y célebres filósofos de Grecia y Fenicia que hicieron del vacío, los átomos y su gravedad los primeros principios.*

Newton es deudor, pero un deudor sabio e inteligente, de los científicos que lo precedieron. Aprovechará exhaustivamente los conceptos de hipérbola, elipse y parábola. Citando una vez más a Antonio Escohotado, se podría escribir que: *el camino —como el de los planetas contemplados desde la Tierra— es sinuoso, propenso a detenciones y retrocesos, expuesto a mil factores... el mundo es lo que los hombres pueden admitir que sea en cada caso, en cada época.*

Newton dice en su Prefacio a la primera edición de los *Principia*, que ha intentado *cultivar la matemática en la medida en que se relaciona con la filosofía*. Evidentemente, el estudio de ésta era el abordaje de la naturaleza.

Los *Principia* de Newton intentarán medir. Su autor explica que, midiendo, con exactitud, se puede hallar un factor antes oculto, tal y como decía Galileo.

Después del Prefacio, se incluye la nota de Roger Cotes sobre la filosofía newtoniana. Es una defensa decidida de los *Principia* en contra de Leibniz y los partidarios de Descartes.

El principio de la obra newtoniana son las Definiciones, ocho, muchas veces reescritas por el autor. Hay en toda la obra referencias al creador:

Este elegantísimo sistema del Sol, los planetas y los cometas, sólo podrían proceder del consejo y dominio de un ser inteligente y poderoso. Y si las estrellas fijas son centros de sistemas semejantes, estarán bajo el dominio de Uno al estar construidas a partir del mismo consejo.

Se dice sobre el demiurgo que sabemos de él que todo está programado en un mundo coherente y eficaz. Se trata evidentemente de un ser esencial por lo perfecto:

Este ser gobierna todas las cosas no como alma del mundo, sino como amo de todas ellas (dominus universorum). *Y debido a su dominio suele llamársele señor Dios, porque dios es un término relativo, se refiere a los siervos y deidad es el dominio de dios sobre su propio cuerpo, como imaginan aquellos para quienes dios es alma del mundo, sino sobre siervos...*

El término dios significa en general amo, pero no todo amo es dios. Lo que constituye a dios es el dominio de un ente espiritual, que será como tal dios verdadero, supremo o imaginario ese dominio.

Sólo conocemos (a Dios) por las sabias y óptimas estructuras de las cosas, y lo admiramos por sus perfecciones, pero lo reverenciamos y adoramos por su dominio.

Pues lo adoramos como siervos, y un dios sin dominio, providencia y causas finales nada es sino fatalidad y naturaleza.

Newton, sin embargo, deberá responder a las críticas religiosas del obispo Berkeley y entonces definirá el vínculo del demiurgo con el tiempo y el espacio:

Dios no es eternidad e infinitud, sino eterno e infinito; no es duración o espacio, sino que perdura y está presente. Perdura siempre y es ubicuo y existiendo siempre y en todas partes constituye la duración y el espacio.
Puesto que cada partícula de espacio es siempre y cada indivisible momento de la duración es ubicuamente, con certeza el artífice y amo de todas las cosas jamás será nunca y ninguna parte.

Lo religioso, en Newton, se vincula a lo sagrado, lo material, a la preocupación por la trascendencia y la existencia de un orden de un ser superior, redefiniendo el papel del hombre y sus circunstancias.

También tiene Newton la preocupación de la gravedad, una de sus fuerzas motrices omnipresentes: *basta que la gravedad exista realmente y actúe con arreglo a las leyes que hemos explicado y dé cuenta de todos los movimientos de los cuerpos celestes y de nuestros mares.*

Como escribió James Carvell en *Ingenieros famosos: La principal obra de Isaac Newton,* Principia Mathematica, *que escribió sólo en 18 meses, fue publicada en 1687. Compendia todos sus trabajos sobre mecánica y muchos lo consideran el trabajo científico más importante que se haya realizado nunca.*

XXVI. EL BINOMIO DEL GENIO

La famosa expresión alude al cálculo de una suma de dos sumandos. La situación matemática más simple que se produce con este enunciado puede ser como sigue:

Cuando se halla el cuadrado de una suma, se llega a la conclusión de que *es igual al cuadrado del primero, más el cuadrado del segundo, más el doble producto del primero por el segundo.*

Newton generalizó esta propuesta para cualquier número y no sólo natural, sino también fraccionario. Éste fue otro producto de la factoría Newton, en su año fasto o admirable (*annus mirabilis*). Lo que consiguió el filósofo fue la posibilidad de llevar a cabo cálculos con una precisión desconocida en aquellos tiempos.

También trabajó con series infinitas. Se dedicó a trabajar con series y con cuadraturas, que plasma en su obra *De analysi* (*Acerca de los análisis*).

Manejó asimismo el cálculo diferencial, cuya autoría compartió con Leibniz.

Newton explica qué son las fluxiones. Sobre estos temas también hay un correlato escrito, su *Methodus fluxionum*, publicado en 1736, aunque había sido escrito con anterioridad.

XXVII. EL OCASO DEL COMETA

Siguiendo un poco la trayectoria de los astros y las constelaciones que tanto había amado, la vida de Newton, larga y fructífera, empezó a apagarse lentamente. En sus últimos años dedicó un tiempo considerable a revisar las ediciones de sus obras.

En 1717 se publicó una nueva edición de *Óptica,* aunque sin grandes correcciones. La *Óptica* se había escrito en inglés pero circuló también una versión latina, renovada en 1719. Pierre Coste realizó en Holanda una traducción francesa, coincidiendo con la puesta en práctica de algunos de sus trabajos sobre los colores.

Los *Principia*, por supuesto, tampoco quedaron desatendidos. Newton lo consideraba su texto más importante y a él le había dedicado una parte nada desdeñable de su tiempo de científico y escritor. Un miembro destacado de la Royal Society colaboró con el científico en la preparación de su legado editorial. Pemberton intentó estar a la altura de las circunstancias y mantener una colaboración intensa con el sabio de Cambridge, pero la capacidad de trabajo y la lucidez de éste ya no eran las de antes.

No sólo se dedicó en su ancianidad a las obras científicas y filosóficas. Nunca abandonó del todo las preocupaciones religiosas más o menos encuadradas dentro de la ortodoxia, al menos ante los extraños. A partir de 1705 y durante cinco años se volvió a volcar en los estudios teológicos. Seguramente la cercanía de la muerte desarmó las prevenciones de Newton a la hora de reconocer sus inclinaciones religiosas heterodoxas.

Carolina, princesa de Gales, en 1716, había sido informada, como se ha dicho aquí anteriormente, de sus estudios de cronología. Como le interesaban sobremanera sus trabajos, intentó que Newton le hiciera llegar una copia de lo que había escrito. El sabio no perdía de vista que sus devaneos más o menos heterodoxos podían acarrearle la pérdida de su status y su consideración, al poder ser éstos considerados claramente heréticos.

Como nunca en su vida se había precipitado a la hora de tomar decisiones y era perfectamente consciente de lo que se traía entre manos, redactó una especie de resumen de su cronología, conocido como *Breve cronología*, que sí le pareció apto para la difusión y se lo envió a la princesa. Newton, como en su momento habían hecho los estafadores con los bordes de las monedas, le había quitado al texto toda su capacidad heterodoxa para no escandalizar a la clase gobernante. Sin embargo, su obra, que llegó a Francia, no pudo ahorrarle las controversias y discusiones que levantó en el país del otro lado del Canal de la Mancha.

Parece ser que entre 1710 y 1715 Newton había preparado dos borradores de *La Introducción. De la época anterior al imperio asirio*. Aquí escribía:

La idolatría tuvo su auge en la adoración de los fundadores de las ciudades, los reinos y los imperios, y tuvo su origen en Caldea, poco antes de los tiempos de Abraham, seguramente debido a la adoración del fundador Nimrod, fundador de varias ciudades.

Hasta los tiempos de Abraham, el culto del verdadero Dios se propagó a partir de Noé, y, en lo sucesivo, sobre todo en Canaán, tal como queda manifiesto en el caso de Melquisedec; pero, en poco tiempo, los cananeos comenzaron a imitar a los caldeos, que adoraban a los fundadores de sus territorios, llamándoles Baalim, Melchor, Asteroth, dándoles el título de señores, de reyes y reinas y dedicándoles sacrificios en sus sepulcros, así como centrando la adoración en las estatuas que los representaban e instituyendo colegiatas sacerdotales de acuerdo con los ritos sagrados para perpetuar sus cultos.

Era evidente que Newton no quería mostrar todas sus especulaciones religiosas y teológicas, que podían evidentemente resultar inadmisibles, máxime cuando podía echar por tierra la posición social y el respeto de que gozaba en esos años.

El matemático había trabajado también en las profecías que resultaron bastante indefinidas y aparecieron con el título de *Ob-*

servaciones sobre las profecías de Daniel y el Apocalipsis de San Juan.

Hubo documentos escritos por el científico que no se publicaron ni siquiera a su muerte. Entre estos trabajos nunca publicados, hay uno especial del que se realizaron muchas versiones y recibe el nombre de *Irenicum*, donde se dice que dos de los grandes temas de las religiones en el comienzo eran el amor a Dios y el amor al prójimo, como todavía sigue sucediendo hoy en día, al menos en la teoría. Newton insiste en que *esta religión puede, por tanto, ser llamada la Ley Moral de todas las Naciones.* El sabio siempre fue un hombre profundamente religioso, y ese sentimiento lo acompañó a lo largo de su vida de científico y de funcionario privilegiado.

En algún momento se ha dicho aquí que el mundo de Newton era un mundo con Dios. Y así lo escribe:

Debemos creer que hay un Dios o Monarca supremo al cual hemos de temer y obedecer y cuyas leyes hemos de cumplir, aparte de honrarlo y glorificarlo. Debemos creer que Él es el padre de todas las cosas y que ama a su pueblo como si fueran sus propios hijos y que éstos han de amarlo recíprocamente, aparte de obedecerlo como obedece un hijo a su padre.

Y más adelante continúa diciendo: *Debemos creer que él es el Pantocrátor, Señor de todas las cosas y que tiene un poder irresistible e ilimitado, un dominio tal que no podríamos a aspirar a huir de él...*

Y haciendo gala de su fe y de su vocación religiosa agrega:

Pues aunque haya otros dioses y múltiples señores, para nosotros no hay más que un Dios padre, de quien son todas las cosas y nosotros somos en Él, en un solo Señor Jesucristo mediante el cual todas las cosas existen y existimos nosotros por él, es decir, un solo Dios y un solo Señor de nuestra adoración.

El tema de la herejía arriana suscitó bastantes controversias todavía después de la muerte de Newton.

Joseph Hallet publicó en 1735 un *Discurso para los arrianos* para liberarlos de su heterodoxia. Hizo referencia a dos personajes concretos contemporáneos de Newton y curiosamente alumnos suyos, que se habían inclinado por la «herejía», William Whiston y Samuel Clarke. Valoró la posibilidad de publicar su tratado completo de *Cronología,* pero entonces lo interrumpió la muerte. En 1728 Conduitt, casado con Catherine Barton, amigo y casi albacea literario del matemático inglés, publicó la obra completa, la *Cronología corregida de los reinos de la Antigüedad.*

Conduitt aprovechó la oportunidad que le dio la vida, al casarse con Catherine, para poder disfrutar de la cercanía del sabio a quien tanto admiraba. Se casó con Miss Barton cuando ella tenía 38 años y él 29 y, como pertenecía a una familia acaudalada, se dedicó, entre otros varios oficios, a investigar como un arqueólogo *in pectore* la ciudad de Carteia. Sobre sus investigaciones, organizó una conferencia en la Royal Society.

Si el científico inglés fue una bendición para Conduitt, prácticamente lo mismo puede establecerse a la inversa: se dedicó en cuerpo y alma a ser el compilador de anécdotas e investigaciones cotidianas de Newton y a su muerte, veinte años después del matrimonio con Catherine, quiso continuar vinculado en su lápida con el sabio de Cambridge, incluso más allá de la separación definitiva.

Hubo otro personaje que también sirvió de albacea cotidiano de Newton: se trataba de William Stukeley, de quien tantas citas se incluyen en el presente trabajo. Stukeley apareció en la vida del sabio en 1718. Era médico e ingresó en la Royal Society en esos años. Stukeley y Conduitt son los grandes relatores de los últimos años de la vida de Newton.

Conduitt, hablando de la vida del matemático, escribió: *fue una continuada dedicación al trabajo, a la paciencia, la humildad, la templanza, la mansedumbre, la beneficencia y la piedad, sin la menor sombra de vicio.*

De Newton quedaron también algunas notas que refieren su buena dentadura y capacidad visual, incluso en la vejez, y una portentosa cabellera blanca que todavía puede verse en los numerosos retratos que quedan de los últimos años del filósofo. Sin embargo, cuando Conduitt conoció a Newton, ya habían pasado sus años de gloria intelectual, aunque en esos momentos pudiese ostentar el logro de contar entre sus contertulios con Jorge II y su esposa, la que tan interesada estaba en sus escritos, cuando era la Princesa Carolina.

Conduitt pasó mucho tiempo con Newton durante los últimos años de la vida del científico. De hecho, sus observaciones y anotaciones son importantes a la hora de intentar reconstruir cómo fueron los últimos años de la vida del sabio. La información que da de las enfermedades del matemático es bastante minuciosa, llena de pequeños detalles:

Comía poca carne y se nutría especialmente de caldo, verdura y fruta, que devoraba siempre con mucho placer.

En agosto de 1742 expulsó, sin ningún dolor, un cálculo grande como un guisante, que salió en dos trozos, primero uno y al poco tiempo el otro. En enero de 1725 tuvo una tos muy violenta y una inflamación en los pulmones. Después lo convencieron, con mucho esfuerzo, de que viviera en una casa en Kensington, donde tuvo, a la edad de 84 años, un ataque de gota, el segundo porque ya había padecido uno algunos años antes. Poco a poco sus condiciones de salud fueron mejorando.

El beneficio que le produjo el aire de Kensington, lo indujo a conservar aquella casa hasta su muerte.

Aunque no estuviera muy bien de salud, Newton tenía intenciones de volver al trabajo en la última etapa de su vida. Soñaba todavía con retomar sus trabajos sobre la Luna y sobre la transmutación de los metales. Pero sólo fueron deseos de alguien a quien ya le quedaba poco tiempo de vida. Incluso se interesó por una casa solariega donde había vivido en tiempos su amiga de juventud, Catherine Storer, y pensó en trasladarse a Woolsthorpe. Parecen los últimos adioses a la vida de quien no se resigna, aunque la suya haya sido bastante plena, a abandonarlo todo y volver a la nada.

Parece que Newton, que siempre había tenido fama de indoblegable, con la edad se había vuelto hasta sentimental. Conduitt escribe que *una historia melancólica lo hacía derramar lágrimas y que además, se escandalizaba cuando se enteraba de cualquier acto de maldad hacia un ser humano o un animal...*

Sin embargo, casi al borde de la muerte seguía enviando personas a la horca, y hay constancia de que no presentaba ningún signo visible de ternura o arrepentimiento. Es así que cuando un funcionario le preguntó si estaba seguro de seguir pensando en enviar un delincuente a la muerte de nombre Edmund Mercalf, por delitos monetarios, Newton le contestó que no conocía a esa persona, pero que si la habían condenado, era mejor que la ajusticiaran, que seguir permitiendo que cometiera fechorías.

La gran preocupación de Conduitt en los últimos días de vida de Newton tenía que ver con el rechazo del científico a aceptar los últimos sacramentos. Esto hizo que Conduitt buscara una excusa razonable para disculpar la negativa del matemático. Por entonces escribió: *puede decirse que su vida ha sido siempre una preparación para la vida futura*, lo cual significaba que Newton no tenía nada de que arrepentirse y de que sus cuentas con Dios estaban saldadas.

Conduitt, como explica Michael White, estaba organizando la primera aportación a la leyenda de un Newton completamente diferente al personaje real:

Ésta fue la primera tentativa deliberada, cometida por una persona muy cercana al gran hombre, por ignorar los conflictos interiores de Newton. A partir de este momento, los seguidores del físico dieron vida a lo que muy pronto se convirtió en el eterno mito de Newton: un genio divino y puritano, que había realizado el descubrimiento científico más importante de toda la historia con la única ayuda de su inteligencia.

Si Newton estaba atento a su legado literario y escrito, no menos puede decirse de la preocupación que exhibía en lo que se refiere a su pervivencia como presencia física. De hecho, la abundancia de los retratos que encargó personal o indirectamente hace referencia a una verdadera obsesión en su interés por asegurarse un espacio —también físico— para la posteridad.

Kneller ya lo había retratado en 1702 y luego fueron pintores como Gandy, Thornhill, Richter, Le Marchand o Murria —entre otros— los que conservaron su imagen para la eternidad.

La última página del libro de William Rankin *Newton para principiantes,* se centra precisamente en los retratos que hicieron del sabio de Lincolnshire algunos pintores. Según Rankin, si Newton aparece poco favorecido y la personalidad que puede sospecharse a partir de los rasgos de las creaciones pictóricas parece dudosa cuando menos, no es responsabilidad del propio Newton, sino de sus retratistas.

Escribe Rankin unas reflexiones muy jugosas sobre este tema:

Hay muy buenos retratos (de Newton), todos de Godfrey Kneller. Uno que fue pintado cuando Newton tenía 45 años, para la época de los Principia, *es de propiedad de Portsmouth. Otro muy bueno de 1702 se encuentra en la Galería Nacional de retratos. Incluso los retratos de Newton en su vejez hechos por Kneller están llenos de energía; uno grandioso se exhibe en Varsovia.*

Y más adelante añade Rankin estas palabras curiosas:

Un pintor mediocre sólo puede lograr una pintura engañosa. A partir de los retratos pintados por Vanderbank, Frank Manuel extrajo algunas conclusiones profundas acerca de la personalidad y salud de Newton, cuando en realidad lo que tenía mala salud era el arte británico del retrato.

Aunque al morir Newton dejó una herencia sustanciosa, durante la última etapa de su vida se dedicó a realizar abundantes obras de caridad. De ellas salieron beneficiados no sólo los extraños o las instituciones, sino también diversos miembros de su familia, que lo tenía en alta estima y que a menudo se veía envuelta en problemas y apuros de tipo económico. Como nunca se casó, su herencia beneficiaría a los descendientes de su padrastro, Barnabas Smith, a quien tanto había odiado.

Existen documentos que prueban la preocupación de Newton por las buenas obras, que en parte viene a paliar su espíritu belicoso y recalcitrante cuando se trata de enzarzarse en las discusiones de autoría y producción científica que ensombrecieron su larga vida.

Poco a poco van apareciendo los síntomas de vejez incluso en la existencia de un sabio tan privilegiado como Newton. Siempre había tenido una buena salud física a pesar de una etapa, relativamente breve —sus *anni horribili*—, en la que su psiquis y su espíritu parecieron zozobrar. Sin embargo, en 1722 empieza a sufrir de problemas renales (cálculos), como cuenta Conduitt y ya hemos comentado, que le oscurecen los últimos años de su existencia.

Los problemas respiratorios también hicieron su aparición, aunque no era de extrañar que le sucediera esto a un anciano que residía largas temporadas en una ciudad tan poco salubre por entonces como Londres y por eso se produjo, como vimos, un cambio de residencia que lo llevó fuera de la capital.

Falleció, y es de esperar que alcanzara finalmente la paz que tantas veces se vio perturbada en su largo periplo vital, el 20 de marzo de 1727. Recibió sepultura en la Abadía de Westminster, en la nave central, honor únicamente reservado para los grandes y los privilegiados del sistema. El lugar en donde está sepultado es conocido desde entonces como el ángulo de los científicos, ya que el matemático lo comparte con James Clerk Maxwell, Michael Faraday y Charles Darwin, entre otros brillantes científicos ingleses. Llevaron su féretro miembros de la nobleza destacados, que a su vez pertenecían a la Royal Society.

Como escribe Richard Westfall en su biografía: *En mi opinión, se ha convertido en uno de los miembros del reducido grupo de genios supremos que han dado forma a las categorías del intelecto humano.*

De los manuscritos del sabio, hubo tres que fueron publicados: las *Observaciones sobre las profecías*, la *Cronología* y un borrador para el libro final de los *Principia*, publicado con el nombre de *De Mundi systemate*.

Sobre el monumento que se le erigió en 1731, hay un texto postrero que reza: *Que los mortales se alborocen de que llegara a existir tan gran ornamento de la raza humana.*

Cuenta Michael White, su heterodoxo biógrafo, que

el monumento, proyectado por William Kent, ilustra los diversos aspectos de la vida de Newton. Algunos querubines juegan con un prisma, un telescopio y algunas monedas recientemente acuñadas.

Domina el monumento un bajorrelieve del propio Newton, con una escolta de otros querubines. Se apoyan sobre un pilar cuatro libros cuyos títulos son «Divinidad», «Cronología», «Óptica» y «Filosofía de los principios matemáticos». Es evidente la ausencia de un volumen que tenga por nombre «Alquimia».

Conduitt gestionó prácticamente todo el legado newtoniano y consiguió, a cambio, el puesto de Intendente de la Casa de la Moneda.

La herencia Conduitt continuó salvaguardando el patrimonio del científico y, a través de los herederos de Catherine, el legado intelectual del científico llegó a ocupar un lugar relevante en la biblioteca de la Universidad de Cambridge.

XXVIII. LA VIGENCIA DE SUS DESCUBRIMIENTOS

Leibniz, antes de que se produjeran los conflictos con Newton, opinó de él:

que si se tomaban las matemáticas desde el comienzo del mundo hasta su época, lo que él había hecho era sin duda la mejor parte y añadió que había consultado a todos los entendidos de Europa sobre alguna cuestión difícil sin que sus dudas quedasen satisfechas y que cuando escribió a Sir Isaac, le envió la respuesta a vuelta de correo, diciéndole que hiciese esto y aquello y que encontró la solución.

Evidentemente, la huella que Newton dejó en el mundo de la ciencia y en la sociedad inglesa es indeleble. Mientras que el continente europeo seguía guiándose por las ideas de Descartes, Inglaterra ejercía su influencia con una cosmovisión newtoniana.

Voltaire, hay que citarlo una vez más, gran viajero, exiliado en Inglaterra en el momento del entierro del sabio, describe varios aspectos de la vida y creencias inglesas. Fascinado por las ideas que luego propiciarían la Revolución Francesa de 1789, el filósofo francés había percibido que los verdaderos gestores del cambio social y político en Europa habían sido los ingleses.

Mientras Francia evolucionaba como podía a través de los reinados de los Luises de la dinastía Borbón (Luis XIV, Luis XV y finalmente Luis XVI) y plasmaba en un resultado desigual las pretensiones feudales que habían azotado las Frondas con el absolutismo de los reyes, Inglaterra ponía proa hacia otras singladuras más modernas. También había tenido sus revoluciones, su rey decapitado, antes que Francia y sus filósofos renovadores.

Voltaire describe a Inglaterra como la patria de la tolerancia y la libertad, en evidente contraste con la tiranía feudal que creía que imprimían los Borbones al otro lado del Canal de la Mancha. Su libro, que vio la luz en Francia en 1734, fue censurado inmediatamente, aunque sus *Cartas sobre Inglaterra* pasó a convertirse en una de las obras más importantes de su tiempo.

Los hallazgos científicos de Newton hicieron posible la filosofía progresista de Locke, que, por su parte, abrió el camino para la revolución de 1776 en Estados Unidos. Locke lo dice de una manera muy clara:

En una era que produce al incomparable Sr. Newton, me considero honrado de ser empleado como obrero de segunda con la tarea de despejar el camino y eliminar algunos de los residuos que se interponen en la vía del conocimiento.

Hay también una influencia muy clara de Newton en Hume, que es una especie de «Newton de la ciencia moral». Su obra principal lleva por título: *Tratado de la naturaleza humana. Ensayo de introducción del método experimental de razonamiento en las cuestiones morales*. Hume, por lo tanto, sigue de cerca el método newtoniano en el estudio de los «asuntos morales» o de la «ciencia del hombre».

Hume tampoco quiere «fingir hipótesis» —como Newton— y en cambio recurre a explicaciones de tipo psicológico. Entiende la mente humana de la misma forma que comprendía Newton el cosmos y también quiere unificar todas las ciencias, resumiéndolas en una especie de «ciencia de la naturaleza humana». Y así escribe:

Todas las ciencias se relacionan en mayor o en menor grado con la naturaleza humana... incluso las matemáticas, la filosofía natural y la religión natural dependen de algún modo de la ciencia del hombre, pues están bajo la comprensión de los hombres y son juzgadas según las capacidades y facultades de éstos.

De esto se deduce que el propósito de esta nueva ciencia es, especialmente, estudiar *la extensión y las fuerzas del entendi-*

miento humano, y explicar la naturaleza de las ideas que empleamos y de las operaciones que realizamos al argumentar.

Las ideas de Hume evolucionan en un contexto empirista —lo importante es la experiencia— y utilizando la metodología de Newton. Sin embargo, años después ya no pretende Hume seguir a pie juntillas el método newtoniano. Empieza a perfilarse desde entonces como el clásico filósofo ilustrado. Pero hay un principio de asociación de ideas en donde expresa que *hay una especie de atracción, que tiene en el mundo mental efectos tan extraordinarios como en el natural, aunque sus causas sean en gran parte desconocidas (Tratado I, 1,4)*. Hume reduce, como Newton, esta «atracción» a las leyes de causa y efecto, contigüidad y semejanza. Este autor sigue siendo newtoniano cuando explica que las causas y los efectos sólo pueden descubrirse por la experiencia.

Si hubiera que hacer un repaso del siglo XVII y sus progresos —la época de Newton— podríamos decir que en este tiempo se produce la superación del platonismo y el aristotelismo. Y que la revolución científica se vinculó al redescubrimiento de Pitágoras y el atomismo de Demócrito, cuya consecuencia fundamental fue la aceptación del mecanicismo.

La filosofía moderna fue un proceso muy largo, pero comienza decididamente con René Descartes. Existe la conciencia de que hay que buscar un nuevo método para filosofar.

Los racionalistas del continente, Leibniz, Spinoza y el propio Descartes, piensan que es necesario mantener una confianza total en la razón y en la aplicación del método matemático para construir una nueva metafísica, es decir, un saber que incluya el alma, Dios y el mundo. Descartes escribe a este respecto, en su carta al padre Marin Mersenne (1630):

No tema proclamar por doquier que Dios estableció estas leyes en la naturaleza de la misma forma que un soberano dicta leyes en su reino. Y así como un rey tiene más majestad cuanto menos conocido familiarmente por sus súbditos, así nosotros también juzgamos la grandeza de Dios como incomprensible y no pensamos que carecemos de rey.

Os dirán que, si Dios estableció estas verdades, podría cambiarlas, lo mismo que un rey cambia sus leyes; a lo que responderéis que, efectivamente, es posible si su voluntad puede cambiar. Pero yo considero esas verdades como eternas e inmutables leyes.

Las propuestas racionalistas dieron pie al rechazo de los escolásticos, que seguían anclados en las ideas medievales, pero en las Islas Británicas prepararon el camino para la llegada del empirismo.

El empirismo ya está presente *avant la lettre,* en la última época de Aristóteles y en el Medioevo, cuando era frecuente citar la famosa frase de *nihil est in intellectu quod prius non fuerit in sensu* (no hay nada en el intelecto que previamente no haya estado en los sentidos).

La filosofía es en esta época, como en todas, compañera de viaje de una cosmovisión política, social, que organiza y ejemplifica una cierta visión del mundo y del papel del hombre en el cosmos.

Si Berkeley considera las ideas de Newton una amenaza para la religión, Hume pretende seguir con su metodología, haciéndola extensiva a las ciencias del hombre.

Los ilustrados franceses, posteriores a la época que estamos tratando, se inspirarán en las ideas de Hobbes, muy matizadas afortunadamente, el planteamiento empirista de Locke y el método científico de Newton.

Newton contribuye a organizar los campos de investigación: la física —la filosofía natural— va a independizarse de la metafísica y convertirse en una ciencia independiente. Insiste en la idea de que la física no debe basarse en hipótesis metafísicas y sí, en cambio, tiene que ser inductiva y experimental.

XXIX. EL SIGLO XVIII: LAS INFLUENCIAS DE LOS HALLAZGOS DEL XVII

El siglo que deja Newton va a marchas forzadas hacia el cambio, una evolución que también se llevó a cabo gracias a sus contribuciones científicas y filosóficas.

En este período se producirán, junto a una revolución demográfica, una revolución agrícola y la Revolución Industrial (véase Anexo I), liderada ampliamente por Gran Bretaña.

En esta época aparece la economía como ciencia, con las ideas de los fisiócratas y el liberalismo económico inglés, a la cabeza del cual, Adam Smith expresaba sus ideas en su *Ensayo sobre la naturaleza y las causas de la riqueza de las naciones*, de 1776.

El siglo XVIII asiste a la decadencia completa del Antiguo Régimen, aunque todavía subsiste en algunos países un despotismo ilustrado, como el de Catalina de Rusia, apoyado en una sociedad estamental y un nivel elevado de burocratización y militarización del Estado.

Después de siglos en los que la Inquisición o los tribunales eclesiásticos habían dictado la ley de la ortodoxia y el estricto cumplimiento de las ideas de Roma —u otras iglesias—, parece que la tolerancia gana terreno, aunque Voltaire, autor del *Tratado de la Tolerancia*, que no se fía del progreso del hombre y de su paciencia, escribe: *Vivimos entre contrastes asombrosos: la razón por una parte, el fanatismo por otra. Una guerra civil en cada espíritu.*

El siglo XVIII, que tanto hizo avanzar en ciertos aspectos a la civilización frente a la barbarie, no fue determinante en el campo de la ciencia: la astronomía perdió su primer plano de importancia, aunque es digna de mencionar la idea de Laplace (1796) sobre la formación del sistema solar a partir de una nebulosa original.

El matemático más destacado del XVIII es tal vez Leonardo Euler, y la física puede contar, entre sus avances, la invención del pararrayos por Benjamin Franklin y la del termómetro. Los gases fueron estudiados por Mariotte y Gay-Lussac y la electricidad por Volta y Galvani.

A comienzos del siglo XVII el inglés Guillermo Gilbert descubrió las propiedades de los imanes e introdujo en el lenguaje la palabra «electricidad». Ese descubrimiento interesó muy pronto a otros científicos y se previó que los experimentos con el «fluido» maravilloso iban a dar resultados sensacionales.

Más interesante aún fue la obra de Esteban Gray, fallecido en 1736, y Carlos Dufay (1698-1739), que descubrieron que varía la conductividad de las sustancias y hay en realidad dos clases de electricidad: la positiva y la negativa.

A fines del siglo XVIII, Alejandro Volta (1745-1827), ya citado, construyó la primera batería y demostró la identidad del «magnetismo animal» con la electricidad.

Otro progreso muy importante en la física eléctrica fue la invención, en 1746, de la botella de Leiden para almacenar la energía eléctrica. Gracias principalmente a ese invento, Benjamin Franklin pudo demostrar que el rayo es una descarga eléctrica. Con su famoso experimento de la cometa realizado en 1752 consiguió cargar una botella de Leiden durante una tormenta.

Lavoisier estudió la química moderna, que dejó definitivamente de lado la teoría de los cuatro elementos, y aquellos devaneos donde no podían separarse muy bien la alquimia y sus experimentos fantásticos con la ortodoxia de los trabajos en el laboratorio.

A propósito de alquimia, un tema reiteradamente tratado en este trabajo, hay que incluir a Robert Boyle (1627-1691), fundador de la química moderna, que adquirió renombre con la publicación de su obra *El químico escéptico, o dudas y paradojas químico-físicas*. En ella rechazaba no sólo las teorías de los alquimistas, sino también de los médicos-químicos, que continuaban las huellas de Paracelso, cuya aportación más importante a la ciencia fue tal vez haber recurrido a la experimentación para conocer las enfermedades y su curación.

Lavoisier, por su parte (1743-1794), que fue llamado el «Newton de la química», demostró que la combustión y la respiración son simplemente formas de la oxidación, una rápida y la otra lenta. Su contribución más importante fue, sin duda, la creación de la química cuantitativa, mediante el descubrimiento de la ley de la conservación de la masa. Demostró que *aunque una serie de acciones químicas puede alterar el estado final de la materia, no cambia su cantidad, que sigue siendo la misma al final que al principio de cada operación, como puede comprobarse por su peso.*

Si bien es cierto que durante la revolución intelectual se prestó una atención preferente a las ciencias físicas, no se descuidaron en modo alguno las ciencias biológicas. Entre los primeros biólogos destacó Robert Hooke (1635-1703), quien observó y describió antes que nadie la estructura celular de las plantas.

Hooke es un viejo conocido en las continuas reyertas de Newton con sus contemporáneos del mundo de la ciencia. Se dedicó —como Newton— a la óptica, pero escribió un tratado en 1665, *Micrographia*, que se considera un hallazgo en el mundo de la microscopía. Continuaron su obra, entre otros, Malpighi (1628-1694), Antonio de Loeeuwenhoek (1632-1723), que descubrió los protozoarios y las bacterias y el físico holandés Jan Swammerdam, que trabajó sobre los insectos.

El final del siglo XVII pareció señalar, en muchos aspectos, una disminución en la originalidad de las ciencias relacionadas con los seres vivos. Los científicos se dedicaron entonces a la clasificación y descripción de los conocimientos ya existentes. Linneo (1707-1778) realizó una gran clasificación de la naturaleza en tres reinos: mineral, animal y vegetal, en su «Sistema de la naturaleza y su filosofía botánica».

El francés Buffon, en el siglo XVIII (1707-1788), describió en su *Historia Natural* en 44 volúmenes, casi todas las ciencias, aunque se dedicó especialmente a los animales y al hombre.

La medicina, como ya se ha dicho, era poco más que un reparto burdo de sangrías y hierbas en la época de Isaac Newton. Uno de los motivos de la falta de progreso de esta ciencia era el prejuicio contra la disección de cuerpos humanos como base de los estudios anatómicos, a pesar de lo cual Guillermo Harvey se pudo dedicar a estudiar la circulación de la sangre.

Ya entrando en el siglo XVIII, la medicina progresó más rápidamente y se iniciaron la práctica de la inoculación y el descubrimiento contra la viruela. Los conocimientos sobre inoculación procedían de Oriente Próximo, donde los musulmanes la empleaban desde hacía mucho tiempo. Llegaron a Inglaterra en 1717 por medio de las cartas de Lady Montagu, esposa del embajador británico en Turquía.

De todas las ciencias más importantes reconocidas al presente como tales, la única que nació en realidad durante la revolución intelectual que tuvo lugar a partir de la época de Newton, fue la Geología. Las teorías sobre la evolución de la Tierra se habían vinculado tradicionalmente con la física y la astronomía, las ciencias del sabio de Lincolnshire.

Jacobo Hutton fue el primer científico que dedicó su atención al estudio sistemático de las rocas, con el propósito de averiguar la historia de nuestro planeta. Presentó su *Teoría de la Tierra* en 1785 a la Real Sociedad de Edimburgo.

Como se puede observar, la época de Newton fue un momento privilegiado para el desarrollo de la ciencia, lejos de los primeros balbuceos de la Edad Media, que recogió los progresos del Renacimiento y cerró finalmente un periplo de adelantos en el siglo XVIII, a la vera de la Ilustración.

Si dedicamos tanto tiempo al período científico anterior y posterior a Isaac Newton, objeto prioritario de nuestro trabajo en este libro, es porque la contextualización de un personaje histórico, sea cual sea la especialidad sobre la cual ha fundamentado su gloria, es la mejor garantía de comprenderlo en la trayectoria del hombre como especie para progresar en la evolución. Se lo estudia así lejos de la concepción egoísta y simplista del sabio hundido en la profundidad de su laboratorio o desentendido siempre del mundo exterior, en la creencia de que todo ser humano es producto y consecuencia de la época que le tocó vivir.

Poco o nada se dice de los progresos de la alquimia, como es lógico, porque siempre ha sido y seguirá siendo una ciencia para los escogidos, para los «happy few», que realizan su camino solos, en la profundidad de los laboratorios a la búsqueda de la piedra filosofal o lo que sea que les permita seguir conservando la ilusión de que la vida y el estudio de lo insondable todavía tienen sentido.

También habría que hacer mención de los naturalistas franceses dentro de la filosofía y la ciencia del siglo XVIII. Los naturalistas abogan por un concepto no materialista de la realidad que ya no cuenta para nada con la divinidad, una opción claramente diferente a la que, como se sabe, había tomado Newton. Sin embargo, a pesar de no tener en cuenta a Dios, no todo queda centrado en la materia y el movimiento mecánico. Se cree, efectivamente, que los átomos poseen vida, por lo que se lleva a cabo una síntesis de la física newtoniana y la metafísica de Leibniz.

Los representantes más destacados de esta corriente de pensamiento son Moreau de Maupertuis (1698-1759) y Jean Baptiste Robinet (1735-1820).

Maupertuis viajó en 1736 a Laponia para medir un grado de meridiano cerca del polo. Sus trabajos confirmaron las ideas de Newton, ya que la tierra efectivamente se achataba a la altura de los polos.

Por su parte, el matemático Lagrange incorporó el concepto del tiempo al espacio tridimensional, dando origen a un espacio-tiempo de cuatro dimensiones. Probó que la luna se rige también por la ley de Newton.

Dentro de los grandes adelantos de la Ilustración, existe la sensación de que gracias a los filósofos y científicos ingleses, sobre todo Locke y Hume, se ha gestado una forma nueva de ver el mundo, otro paradigma. Aunque también estaban las críticas, como las del obispo Berkeley (1685-1753), que mantenía la tesis de que las fluxiones no son ni cantidades finitas, ni infinitas, ni nada.

D'Alembert, en su *Ensayo sobre los elementos de la filosofía*, escribe:

El descubrimiento y el uso de un nuevo método de filosofar despierta, a través del entusiasmo que acompaña a todos los grandes descubrimientos, un incremento general de las ideas...
Todo ha sido discutido, analizado, removido, desde los principios de las ciencias hasta los fundamentos de la religión revelada,

desde los problemas de la metafísica hasta los del gusto, desde la música hasta la moral, desde las cuestiones teológicas hasta las de la economía y el comercio, desde la política hasta el derecho de gentes y el civil.

Las ideas de Descartes se habían inclinado sobre la racionalidad sistematizada, basada en la matemática y la geometría.

La Ilustración va a dejar de lado este paradigma y lo reemplaza por la razón analítica y empírica. Evidentemente, como ya se ha dicho, los ingleses Newton y Locke son los portaestandartes.

En 1781, William Herschel descubrió un nuevo planeta. Se trataba de Urano. En este caso, los científicos llegaron a la conclusión de que las leyes de Newton no se aplicaban tan lejos del Sol.

En 1846 se descubrió Neptuno, que significó la confirmación más clara de las leyes de Newton.

Le Verrier descubrió otro planeta, Vulcano. Y por su parte, Einstein (1879-1955), nuestro contemporáneo, dio por tierra con el concepto newtoniano del espacio absoluto, pero recuperó sus descubrimientos sobre la dualidad de la luz y la existencia de los átomos, que habían sido abandonadas.

Como escribe Rankin:

Que nadie ose pensar que la maravillosa obra de Newton puede ser fácilmente desplazada por la relatividad o por cualquier otra teoría. Sus grandiosas y lúcidas ideas conservarán por siempre su inigualable importancia, al constituir los cimientos de toda la estructura conceptual moderna en el campo de la filosofía natural.

Los *Principia* van a subordinarse a la evidencia de los hechos. Se afianzaba el método experimental, que Newton había desarrollado con eficacia y que será trasladado a Francia por Voltaire.

Los franceses se inspiran en Newton, cuyos estudios de los astros resultaban incontestables. Alexander Pope había escrito: *Nature and Nature's laws lay hid in night/ God said: «Let Newton be and all was light».*

Gabrielle-Émilie, marquesa de Chatelet (1706-49), tradujo los *Principia* de Newton al francés.

Pero ya hemos dicho reiteradas veces en esta biografía del sabio inglés que el universo de Newton estaba poblado por Dios.

En su *Óptica*, dice:

Algunos filósofos han imaginado hipótesis para explicar mecánicamente todas las cosas y relegan a la metafísica las demás causas.

Sin embargo, el objetivo básico de la filosofía natural es argumentar a partir de los fenómenos, sin imaginar hipótesis, y decir las causas a partir de los efectos.

En un aspecto más político, las ideas de los filósofos ingleses trajeron nuevos vientos de libertad y respeto de los derechos del hombre y el ciudadano. La Declaración de los Derechos del Hombre, que fue condenada por impía por el Papa, fue proclamada en 1789.

Pero había distintas opiniones sobre el papel que la ciencia debía desempeñar en la Revolución Industrial. Benjamin Franklin, por ejemplo, opinaba que nada que no fuera útil podía considerarse bueno o bello. El manejo y el control de las máquinas eran más importantes que una obra de arte.

Las ideas de Locke y Newton sobre las revoluciones políticas no influyeron tanto en el avance tecnológico, que comenzó a llevarse a cabo en contra de los intereses de la Naturaleza y favoreciendo la explotación de los seres humanos.

Como escribe William Rankin:

La aritmética y no el cálculo infinitesimal fue la herramienta de la Revolución Industrial. Y si se aplicaran los beneficios y pérdidas a la moral y a la política, la felicidad y la pena podrían compensarse. Al restar el dolor de la felicidad bruta, el resultado es la felicidad neta.

ANEXO I
LA REVOLUCIÓN INDUSTRIAL

Fenómenos como la Ilustración o la Revolución Industrial hubieran sido difícilmente comprensibles sin la acción creadora de científicos como Isaac Newton, Descartes o Spinoza.

Hemos hablado de paso del fenómeno de la Ilustración y de la importancia de filósofos como Voltaire, pero es necesario dedicar unos párrafos a la Revolución Industrial, en cierta medida la última consecuencia del progreso científico que se había implantado en las sociedades a partir del Renacimiento.

La aportación de Newton, como hemos estado analizando, consistió en someter al mundo de la Naturaleza a una interpretación mecánica precisa.

En el último período del Renacimiento había descubierto Galileo las leyes de la caída de los cuerpos y Kepler los principios del movimiento planetario.

A Newton le correspondió aplicar la idea de las leyes físicas invariables al universo en su totalidad. *Su principio famoso de que cada partícula de materia del universo atrae a todas las demás partículas con una fuerza que varía inversamente al cuadrado de la distancia que las separa y en proporción directa con el producto de sus masas*, se considera válido no sólo para nuestro planeta, sino también para el espacio infinito de los sistemas solares.

Partiendo de este principio, y ésta fue la más valiosa aportación de Newton, es fácil llegar a la conclusión de que todos los acontecimientos naturales se rigen por leyes universales que pueden ser formuladas con la misma precisión que los principios matemáticos. El descubrimiento de esas leyes constituye el objetivo principal de la ciencia y la tarea del hombre consiste, no en dejar que operen sin trabas, siguiendo aquel viejo axioma del mercantilismo *laissez aller, laissez passer, le monde va de lui-même,* sino reordenando y repartiendo la ciencia y la riqueza según unos principios de solidaridad y justicia que las hagan aprovechables y útiles para todos los seres humanos.

En general se cree que no fueron ésos los planteamientos de la Revolución Industrial, que se guió más bien por objetivos económicos, de rentabilidad y productividad. Sea como fuere, esas leyes universales destruyeron la idea medieval de un universo guiado por un fin benéfico. Los hombres vivían en un mundo en el que la sucesión de los acontecimientos era tan automática como el funcionamiento de un reloj.

La filosofía newtoniana no excluye la idea de Dios, pero lo despoja de su poder para dirigir el curso de las estrellas o para ordenar al Sol que se pare.

La Revolución Industrial comprendió los siguientes hechos: 1) la mecanización de la industria y la agricultura, 2) la aplicación de la fuerza motriz a la industria, 3) el desarrollo del sistema fabril, 4) una aceleración de los transportes y comunicaciones y 5) un aumento considerable de la ideología capitalista en casi todas las ramas de la actividad económica y, en consecuencia, de la vida del hombre en general.

Desde hacía tiempo se mostraba un interés productivo por las innovaciones mecánicas. Como hemos visto, los hallazgos teóricos de ciencias como la física, el álgebra o las matemáticas, se tradujeron en un giro de 180° que cambió por igual la relación del Hombre con las máquinas o los fenómenos de la Naturaleza.

El período de los primeros grandes inventos posteriores al Renacimiento había presenciado la invención del reloj de péndulo, el termómetro, la bomba de aire, el torno de hilar y la mejora en las técnicas en la fundición de metales y la producción de bronce.

La Revolución Industrial se hubiera retrasado sobremanera de no ser por la obtención de mejoras mecánicas fundamentales en ciertos campos de producción. El capitalismo incipiente —que no vamos a estudiar aquí como una teoría económica con sus consecuencias políticas, sociales y humanas— estaba en marcha.

Inglaterra fue el país que más se benefició con la Revolución Industrial. Iniciaba una edad dorada de poderío y prosperidad, de hegemonía política en el continente europeo y en los mares, apropiándose de las colonias más productivas del hemisferio occidental. Su supremacía sobre Francia quedaría patente cuando derrotó a ésta en la Guerra de los Siete Años. Los comerciantes y armadores contaban con una buena parte de las ganancias excedentes, que se apresuraban a invertir en cualquier otra aventura comercial que pudiera reportarles un beneficio adicional.

Los beneficios de la Corona se multiplicaban y ésta se hacía cada vez más poderosa y sus súbditos también, evocando los tiempos gloriosos de los viejos corsarios como Sir Francis Drake, durante el reinado de Isabel I.

ANEXO II

UNA VISIÓN MATERIALISTA DE LA CIENCIA Y LOS HALLAZGOS DE LA HISTORIA DE LAS MATEMÁTICAS

En Occidente estamos acostumbrados a estudiar las ciencias según un enfoque que corresponde a nuestra filosofía, nuestros sistemas políticos, sociales y económicos, y los científicos, en gran medida, son concebidos como personajes más o menos aislados de la realidad que trabajan en parte al margen del modelo social o corporativo de la sociedad. De hecho, Isaac Newton, científico que nos ocupa, pasó largos años sumido en la soledad de sus cálculos e investigaciones, sin ni siquiera publicar y sólo salía para confrontar sus teorías con algún competidor o científico que trabajaba en el mismo campo que él o en disciplinas complementarias. El Estado le encargó varios trabajos como funcionario, como profesor en la Universidad, en la Casa de la Moneda o como representante en el Parlamento, pero su visión del mundo, así como sus preocupaciones religiosas o alquímicas, fueron siempre individualistas y con planteamientos en soledad.

El enfoque que se ha tenido en la antigua Unión Soviética o en los países de su entorno ha sido completamente distinto: el científico es un servidor público, anclado en lo social, y las ciencias son un medio para hacer avanzar a la sociedad en su conjunto; las ciencias son un beneficio para toda la comunidad y los científicos individualmente distan mucho de ser unos privilegiados cubiertos de honores y distinciones, como en Occidente. Es otra visión del mundo. Las matemáticas, una de las grandes pasiones de Newton y una forma de trabajo para alcanzar otras metas, tienen otro objeto, según definición de F. Engels: *este objeto lo constituyen las relaciones cuantitativas y las formas espaciales del mundo real.*

La composición de las matemáticas, según esta filosofía, es la de considerar hechos, que se desarrollaron a lo largo de su historia, hipótesis, es decir, presupuestos científicos, fundamentadas en hechos, que deben sufrir una verificación experimental, una generalización de los hechos, que se traducen en teorías y leyes matemáticas y su metodología.

Durante el estudio de las matemáticas, se tienen en cuenta objetos cada vez más abstractos; hablamos de conjunto de elementos, *cuyas propiedades y reglas de operación se dan con ayuda de un sistema de axiomas*, tal como expresa Ríbnikov en *Historia de las matemáticas*. Para autores como éste, que se inscriben en las teorías del materialismo dialéctico, el estudio de una ciencia contribuye a una visión materialista de la realidad en los científicos.

La historia demuestra que, incluso en el caso de las matemáticas, lo fundamental son las exigencias de la realidad material. Además, las matemáticas tienen una relación evidente con las necesidades de la técnica y las ciencias naturales, y por supuesto, en esta ideología, con la concepción del papel de esta ciencia en la dedicación productiva y social de los seres humanos.

Es evidente que las matemáticas forman parte de uno de los saberes más antiguos del mundo. El hombre poseía ya conocimientos matemáticos incluso en las primeras etapas de su actividad productiva.

Una gran influencia sobre las matemáticas la ejercieron las ciencias exactas, es decir, todo el conocimiento sobre la naturaleza. Como bien sabía y comprobó Newton, en el progreso de la matemática han dejado su huella la mecánica, la física y la astronomía.

Como escribe Ríbnikov,

el cálculo diferencial e integral en su forma más primitiva de cálculo de flujos surgió como el método de resolución más general en aquel tiempo de los problemas mecánicos, entre ellos los de la mecánica celeste. La teoría de los polinomios con desviación mínima del cero fue elaborada por el académico ruso P. L. Chébishev en relación con la investigación de la máquina de vapor.

El método de los cuadrados mínimos surgió en relación con los grandes trabajos geodésicos llevados a cabo bajo la dirección de K. F. Gauss. En la actualidad, por influencia directa de las exigencias de nuevas ramas de la técnica, obtienen un desarrollo impetuoso muchas ramas de las matemáticas: el análisis combinatorio, los métodos aproximados de resolución de ecuaciones diferentes e integrales, la teoría de los grupos finitos, etcétera.

La llegada de las matemáticas al universo de las ciencias naturales ocurre como resultado de la puesta en práctica de las teorías matemáticas a planteamientos prácticos y de la preparación de nuevos métodos para su resolución. Aplicar cualquier teoría matemática es costoso, un proceso que lleva generalmente muchos años o décadas.

Por su parte, la práctica, y concretamente la técnica, ocupa un lugar al lado de las matemáticas como instrumento auxiliar de investigación científica. No hay más que pensar cómo los dispositivos electrónicos para el cálculo dieron comienzo a un nuevo orden para ampliar los problemas que podían resolverse gracias a las matemáticas y cambiaron la correlación entre los métodos para llegar a descubrir una solución correcta o cercana.

De todas formas, a pesar de la utilidad del cálculo, siempre seguirá siendo un método complementario. Ni siquiera el mejor de los ordenadores puede incorporar todo el conocimiento del cerebro humano y reemplazarlo completamente.

Como demostró y deseó llevar hasta sus últimas consecuencias Newton, las matemáticas, por un lado, crecen a partir de la influencia de otras ciencias, pero, por otro, aportan a otras ciencias los métodos matemáticos de investigación. De hecho, el ámbito de influencia de las matemáticas está en constante expansión. El científico de Cambridge no fue ni el primero ni el último en desear la obtención y aplicación de métodos matemáticos universales, aunque finalmente la experiencia histórica llega a la conclusión de que no existe un método universal y enseña la utilización adecuada de las matemáticas de acuerdo con las particularidades cualitativas de los fenómenos y procesos a estudiar.

Las matemáticas y sus recursos se afincan totalmente en la mecánica y la mecánica celeste, como ya sabía el profesor lucasiano, al igual que en la física, donde muy a menudo la dificultuad reside en el planteamiento coherente del problema y la interpretación de los resultados conseguidos.

En las últimas décadas fue posible la investigación cibernética y de la técnica de cómputo y en la matemática discreta que complementa a las anteriores, algo que nunca hubiera soñado Newton. Gracias a estos descubrimientos, el papel de la matemática en la economía, la psicología y los sistemas de dirección y otros ámbitos científicos que con anterioridad se consideraban prácticamente incompatibles con las matemáticas, se convirtió en fundamental y definitivo.

Con una constante referencia a la historia política, social y científica de Occidente, Ríbnikov nos sitúa en el mundo soviético de las matemáticas. El estudioso soviético, en el momento de escribir su *Historia de las Matemáticas*, anterior a la disolución de la URSS, explicaba:

La historia de la ciencia descubre en el material concreto de una ciencia dada la manifestación de las leyes generales del desarrollo y su carácter dialéctico.

Las matemáticas como ciencia son una de las formas de la conciencia social de los hombres. Por esto, a pesar de la conocida singularidad cualitativa, las leyes que rigen su desarrollo, en lo fundamental, son las generales para todas las formas de la conciencia social.

Hablando de la historia de las matemáticas, el autor refiere la oposición a esta ciencia por parte de las corrientes religiosas. Comenta que en el siglo XVII, la época que nos ocupa, autores como Newton y Leibniz contaron con la oposición de personajes como el obispo Berkeley. Este personaje contemporáneo de los grandes científicos citados hace referencia al astrónomo Halley y alude a su «infidelidad», tal como comentan en el libro citado Claudi Alsina y Miguel de Guzmán: *el subtítulo que Berkeley escogió para su* The Analyst *era esta descriptiva narración: «discurso dirigido a un matemático infiel, en el cual se examina si los objetos, principios e inferencias del análisis moderno se conciben más distintamente concebidos o se deducen con mayor evidencia que los misterios religiosos y las tesis de la fe».*

Volviendo aRíbnikov, *La lucha alrededor de los conceptos fundamentales del análisis matemático* —escribe— *en particular alrededor del concepto de límite, ocurre en el transcurso de toda la historia de esta disciplina científica.*

Según el autor soviético, la oposición con respecto a las ciencias entre las ideas de progreso y las más tradicionales, continúa todavía en nuestra época y no se apaciguó con los estudios de Cauchy en los primeros años del siglo XIX.

En su división en períodos, con diferentes criterios de la historia de las matemáticas, Ríbnikov se refiere al siglo XVII como la etapa de formación de las matemáticas de magnitudes variables. Efectivamente, este momento de la ciencia se caracteriza a la vez por la incorporación de las magnitudes variables en la geometría analítica cartesiana y la aportación del cálculo diferencial por Isaac Newton y G.V. Leibniz.

Siguiendo en parte el enfoque que se ha querido dar a esta modesta recreación sobre la vida de Newton, el autor soviético opina que cualquier ciencia es fruto del desarrollo histórico. Por supuesto, el autor soviético se apoya en el pensamiento marxista cuando escribe: *La lucha entre las fuerzas progresistas y reaccionarias en la ciencia matemática, que es una de las formas de la lucha de clases, se revela en forma más intensa en las cuestiones históricas y filosóficas de las matemáticas.*

Matemáticas de las variables

En el siglo XVII las matemáticas son realmente determinantes. Comienza la etapa de las matemáticas de las magnitudes.

A finales del siglo XVI, otras ciencias, como la trigonometría o el álgebra y la geometría, fueron decisivas para el progreso de las ciencias y lo que hoy llamaríamos tecnologías.

Se ha hablado bastante aquí sobre Kepler y las leyes del movimiento de los planetas y de Galileo, que consiguió establecer la expresión matemática de las leyes de la caída de los cuerpos. Newton llegó para completar en parte estos descubrimientos científicos y de esta forma, se organizó el estudio de las ciencias exactas.

Hubo, como ya se dijo anteriormente, una matematización de las ciencias y los hallazgos científicos, que redundaba en un progreso material evidente. Llega un momento de cambio en el que, como expresó F. Engels,

el punto de viraje de las matemáticas fue la variable de Descartes. Gracias a esto se introdujo en las matemáticas el movimiento y con él la dialéctica, merced a lo cual surgió la inmediata necesidad del cálculo diferencial e integral, que comienza, inmediatamente, a partir de ahora y que Newton y Leibniz, en general, perfeccionaron, pero no inventaron.

Empleando especialmente el método de coordenadas, Descartes y Fermat empezaron a gestar la geometría analítica como una forma de expresar las relaciones numéricas de objetos geométricos. Surgen entonces los problemas variacionales, que conducirán al comienzo del cálculo variacional, la parte más antigua del Análisis Funcional.

La geometría diferencial nacerá de estos trabajos del siglo XVII así como la investigación de la perspectiva y la geometría proyectiva que se encuentran en los estudios de Desargues (1593-1662) y B. Pascal (1623-1662), el filósofo francés.

Asimismo, hay que tener en cuenta los descubrimientos de J. Bernouilli (1654-1705), que junto con los hallazgos de los autores ya citados, contribuyeron a convertir las matemáticas del siglo XVII en una matemática de las variables. Y no hay que olvidar a René Descartes (1586-1650). Como expresó Engels, la idea clave en la matemática del siglo XVII fue la variable de Descartes. Este científico casi renacentista, experto en múltiples ciencias, tenía interés en preparar un método general matemático-deductivo de trabajo para todas las preguntas que pudieran plantear las ciencias naturales.

El Descartes racionalista y riguroso deberá sobrellevar muchos enfrentamientos con la Iglesia Católica oficial, que lo obligarán incluso a emigrar.

En 1637 publicó su conocidísimo *Discurso del método*, cuya última parte se refiere a la Geometría, que tiene tres libros.

Abadía de Westminster, donde está la tumba de Newton.

El primer libro recibe el nombre de *Sobre los problemas que pueden construirse utilizando sólo círculos y líneas rectas*, donde expresa las reglas de formación de las ecuaciones de curvas geométricas.

El segundo libro de Geometría es *Sobre la naturaleza de las líneas curvas*, orientado a una investigación más prolija sobre las curvas de distintos órdenes, su clasificación y propiedades.

Como escribeRíbnikov: *Una parte considerable del segundo libro la constituyen los teoremas sobre el trazado de normales y tangentes a curvas algebraicas. Su método («método de las normales»), lo extendió a las secciones cónicas y a los llamados óvalos cartesianos.*

La propuesta del tercer libro es «sobre la construcción de sólidos o más que sólidos», es decir, una teoría general de ecuaciones.

La Geometría cartesiana fue muy importante en el siglo XVII, hasta convertirse en un tratado clásico de la historia de las matemáticas. Sin embargo, Descartes no llevó a cabo esta titánica obra solo. El científico francés P. Fermat (1601-1665) trabajó con unas ideas similares a las de Descartes.

Fermat se dedicó a las matemáticas en su tiempo de ocio, ya que su profesión «oficial» era la de jurista. A Fermat, como a Isaac Newton, no lo atraía demasiado la idea de publicar sus trabajos, pero estudió la obra de sus contemporáneos con dedicación, así como los tratados clásicos de los científicos de épocas anteriores a él. Se dedicó a la geometría, a la teoría de números y también, como Newton, a la óptica.

Fermat había escrito ya en 1636 un pequeño trabajo titulado *Introducción a la teoría de los lugares planos y espaciales*, que, como solía hacer su colega Newton, no vio la luz hasta mucho más tarde, en 1679. Esta obra, aunque tal vez más consecuente y coherente que la de su compatriota Descartes, no mereció un papel tan decisivo en las historia de las matemáticas como la Geometría cartesiana. Fermat era consciente de que estaba en los orígenes de una nueva rama matemática, pero no se desanimaba y pensaba que era necesario para las ciencias recorrer un camino largo aunque fuera en principio no completamente maduro o definitivo.

Finalmente, el tiempo no dio enteramente la razón a Descartes, ya que la geometría analítica no acabó absorbiendo al álgebra.

Continuó la labor de los precursores de la geometría analítica con autores como Neil, von Heiraet, Lahire, Para y Fermat, hasta que L. Euler le dio a esta ciencia una arquitectura semejante a la actual.

Como expresa Ríbnikov:

El surgimiento en las matemáticas de la geometría analítica aligeró sustancialmente la formación del análisis infinitesimal. Por otra parte, se convirtió en un instrumento imprescindible de la construcción de la mecánica en Newton, Lagrange y Euler, muy efectivo en la resolución de las ciencias exactas.

Para conseguir plasmar el análisis infinitesimal hubo que seguir un camino arduo, que en el siglo XVII pasaba por el cálculo, la inclusión de la variable en las matemáticas, etcétera. Esta necesidad de desarrollo del análisis infinitesimal responde en parte a las exigencias de la astronomía, la física y la mecánica.

Para solventar problemas de este tipo, colaboraron muchos científicos, porque el avance de las ciencias suele ser una tarea social y no exclusivamente confiada al esfuerzo y a las inteligencias individuales. Los nombres de Galileo, Kepler, Torricelli, Cavalieri, Wallis, Pascal, Fermat, Descartes y muchos otros, jalonan la historia de las matemáticas.

El cálculo integral se organizó en aproximadamente medio siglo. Uno de los pioneros en este campo fue el científico Kepler. Aunque también fue muy importante la geometría de los indivisibles, creada por Bonaventura Cavalieri (1598-1647). Había ocupado la cátedra de matemática en Boloña, actividad científica, que conjugaba con su dedicación a la vida religiosa, ya que también era superior de un convento de la congregación de San Jerónimo.

Cavalieri dejó para la posteridad una serie de trabajos que versaron sobre cálculo, trigonometría y astronomía, entre otros, aunque su estudio más descollante lo llevó a cabo sobre el método de los indivisibles, concebido como un método universal para la geometría. Estas ideas las dejó por escrito en 1621, y las hizo patentes con una metáfora, identificando la geometría de los indivisibles con una tela de araña en constante movimiento.

Ríbnikov, opinando sobre la historia de las matemáticas del siglo XVII, dice:

Las ideas que incluyen elementos de integración definida se difundieron ampliamente entre los matemáticos de los países de Europa Occidental. Los métodos de integración abarcaban, hacia los años 60 del siglo XVII amplias clases de funciones algebraicas y trigonométricas.

Fueron resueltos un enorme número de problemas... era necesario sólo un impulso, la consideración de la totalidad de métodos desde un punto de vista único, para cambiar radicalmente toda la problemática de integración y crear el cálculo integral.

También se organizaron en esta época los métodos diferenciales, que se resolvían de varias maneras, algunos siguiendo a los autores antiguos.

Problemas de variaciones

Este tipo de problemas se estudia desde hace mucho tiempo. No hay más que citar la teoría antigua de los isoperimétricos y muchos problemas extremales en la física que estudiaba Newton, es decir, la física y la óptica.

Como escribe Ríbnikov, *Hacia finales del siglo XVIII se acumularon y fueron aislados los problemas extremales de un género singular, los cuales no admitían solución con los medios del recientemente aparecido análisis infinitesimal.*

Éste fue, en primer lugar, el problema de Newton propuesto y resuelto por él en los *Elementos matemáticos de la filosofía natural*. En él se requería hallar una curva que pasara por dos puntos dados y tal que al girar en torno a un eje dado generara un cuerpo de revolución, el cual experimentara la menor resistencia en el movimiento a lo largo del eje. Y posteriormente Newton, Leibniz y J. Bernouilli.

La solución a estas incógnitas fue encontrada ya a finales del siglo XVII o a comienzos del siglo siguiente.

Creación del álgebra moderna y la teoría de los números

Uno de los intentos de René Descartes fue unificar una ciencia, la geometría analítica, utilizando los métodos de la geometría y el álgebra. Sin embargo, ambas ciencias se desarrollaron posteriormente de una forma independiente.

Conjuntamente con el álgebra y cercanos a ella, estaban los procedimientos de cálculo aritmético y algunos de los problemas teóricos de la aritmética, como la teoría de los números.

Todo esto venía a plantearse en la concepción de los científicos del siglo XVIII, hasta donde era posible en un saber único, que recibía la denominación de aritmética general o universal.

La independencia de las áreas del álgebra se hizo patente ya en 1707, cuando Isaac Newton dio a conocer su *Aritmética Universal*. En esta obra aparecían ligados el álgebra y los métodos de cálculo como un estadio superior de la aritmética, mientras que los temas geométricos quedaba en el ámbito de las aplicaciones.

Como explica Ríbnikov:

Desde el comienzo, Newton introduce las operaciones tanto con expresiones simbólico-literales como con números (enteros y fraccionarios). Introduciendo al lector en la técnica de las transformaciones algebraicas idénticas, Newton a continuación lo pone en contacto con los métodos de resolución de ecuaciones...
Demuestra la reducción del problema a la formación de una ecuación algebraica cuya raíz es la solución del problema. Culmina el libro con los resultados de la teoría general de ecuaciones y además la resolución gráfica de éstas mediante la construcción geométrica de las raíces.

Newton había dado varias conferencias breves en la Universidad de Cambridge entre 1673 y 1683, que dieron origen a la *Aritmética Universal*.

Después de Newton, aparecieron unas cuantas obras que incluían una construcción sistemática del álgebra. Por ejemplo, el *Tratado sobre álgebra* de McLaurin (1748) todavía estaba muy centrado en el libro de Newton, donde no se ofrecían demostraciones.

Hubo otras monografías, algunas muy importantes, como la conocida *Aritmética Universal* escrita por Euler, que vio la luz entre 1768 y 1769, en ruso, aunque fue traducida a varias lenguas, incluyendo el latín.

ANEXO III

ISACC NEWTON EN CRISIS. LAS CIRCUNSTANCIAS QUE PUDIERON HABERLO LLEVADO AL BORDE DEL COLAPSO

El tema de la opción e identidad sexual de un científico de la categoría de Isaac Newton siempre ha sido uno de los grandes temas tabú que giran alrededor de su complicada biografía.

Michael White, que había recogido el guante de la inclinación de Newton por la alquimia, no duda tampoco en bucear en los terrenos pantanosos de las relaciones *sui generis* que el científico inglés estableció con algunos de sus contemporáneos, colaboradores, opositores o admiradores. Una de estas relaciones especiales es la que mantuvo con el joven matemático suizo Fatio de Duillier. Éste pertenecía a una familia adinerada, que no le había negado nada. Parece que había conseguido hacerse de una cierta reputación en algunos círculos intelectuales de Europa, pero la suya, como el cometa que tanto había fascinado a Halley, pareció tratarse de una estrella fugaz. Su familia contaba con 12 vástagos, de los cuales él era el número siete y era 22 años más joven que Newton.

Los padres de Fatio parecían no ponerse excesivamente de acuerdo sobre cuál debía ser la orientación vocacional del joven, que escribe: *Mi padre estableció que debía estudiar teología, y habiendo recibido estudios de latín y griego, en casa o en Ginebra, me dediqué dos o tres años estudiando filosofía, matemática y astronomía y comencé a aprender hebreo y a frecuentar las clases de profesores de teología.*

Con 18 años, en 1682, siguiendo los deseos de su madre, se estableció en París y por entonces se carteaba con personajes importantes del mundo científico de su época; entre otros, Huygens y Leibniz. Parece haber gozado de cierta facilidad para las matemáticas y las ciencias, aunque autores desconsiderados sugieren que el mayor de sus talentos se vinculaba a su infinita capacidad de autopromoción.

Fatio fue favorecido con una cátedra en la Universidad en Inglaterra, a raíz de una intervención suya medio secreta relacionada con asuntos de Estado. Su ascenso social parece haber sido meteórico. Se encontró con Newton la primera vez el 12 de junio de 1689, en la Royal Society. Hay una primera carta que Newton le envió a Fatio, parece ser que medio cifrada y también censurada por una mano desconocida, pero que revela la estrecha relación que unía a los dos personajes. La carta comenzaba de esta forma:

Estoy extremadamente feliz de que usted (y aquí se produce la primera censura) y le agradezco con todo el corazón su gentileza, por haber pensado en hacérmelo saber. Espero poder estar en Londres la semana próxima y estaré encantado de alojarme donde Usted lo hace. Llevaré conmigo mis libros y sus cartas.

Newton parece en la carta preocupado por el hecho de no poder alojarse con su amigo, que, aunque en origen había sido un cartesiano devoto, había engrosado ahora las listas de los admiradores del científico inglés.

A Newton en esta época no le iban mal las cosas y recibía incluso apoyos escritos por parte de sus colegas. En efecto, Fatio expresó a Jean Robert Chouet, que era profesor de filosofía en Ginebra, citado por White, que Newton *era el hombre más honesto que conozco y el matemático más capaz que jamás haya existido.*

En la primera época de su relación con el científico, Fatio trató de transmitir al mundo, amén de su devoción por el maestro inglés, una buena comprensión de su obra más importante, los *Principia Mathematica.* Fatio le habría ofrecido incluso a Newton leer conjuntamente la obra de Huygens, *Tratado de la luz,* que estaba escrita en francés, lengua que Newton no dominaba demasiado.

Posteriormente, en 1690, Fatio comenzó un viaje por Europa, que lo devolvió también a Suiza para reencontrarse con su familia. Desgraciadamente, no hay noticias de correspondencia en este período de su amistad, aunque hay referencias que indican que Newton se apresuró a acudir al encuentro de Fatio a Londres, cuando éste regresó de su viaje.

Después de esta etapa, hay testimonio de una carta, donde Fatio relata a Newton, quejándose, su pésimo estado de salud y la posibilidad de no volver a ver —por la posibilidad real de la muerte— al sabio de Lincolnshire. Fatio no murió de esa enfermedad que White considera incluso un atisbo de hipocondría. Sin embargo, antes de saber que su amigo se había salvado, le hizo llegar una carta muy preocupante:

Ayer he recibido su carta y no sabe lo preocupado que estoy. Le ruego que se procure la asistencia y el consejo de un médico, aunque sea demasiado tarde y si necesita dinero, hágamelo saber. Confío en la descripción que me hace de su hermano y si conocerme le puede ser útil, nos conoceremos y espero que usted viva para presentarnos...

En su correspondencia Fatio y Newton había hablado muy a menudo de religión y de alquimia. Fatio estaba muy interesado en participar también con Newton de algún experimento alquímico; en todo caso estas prácticas hubieran conseguido acercarlos aún más. El caso es que continuaron con la relación epistolar durante lo que quedaba del año 1693. Mientras tanto, Fatio sufrió varias recaídas de su enfermedad y Newton le propuso, además, la posibilidad de que se trasladara a Cambridge, buscando un aire más benéfico que el de Londres. Fatio llegó a contestar en una carta, que se conserva, al científico inglés, que le encantaría vivir cerca de él. Entretanto había muerto la madre de Fatio y éste tenía probablemente problemas de herencia y de disponibilidad económica. Sea como fuere, la relación entre los dos personajes toca a su fin en junio de 1693.

Las causas que podían explicar la fascinación de Newton, que a estas edades se deja interesar por un joven como Fatio, que además no era especialmente hermoso, podrían deberse a la necesidad del científico de establecer una relación con alguien que además se había comportado con él de una manera aduladora, imaginativa e inteligente.

Aunque Fatio no fuera noble o muy rico, tampoco representaba una amenaza para una persona como Newton, que era además introvertida y dada a la competencia.

La amistad de Newton con Fatio duró alrededor de cuatro años, pero el hecho es que de este personaje se sabe muy poco.

Fatio se comportaba con cierta superficialidad, comentando temas de alquimia por correo, asuntos que podrían haber comprometido al profesor lucasiano, que tenía por su parte bastantes enemigos. Si en alguna circunstancia estuvo a punto de tener problemas, seguramente fue con ocasión de que se conocieran sus actividades alquímicas o sus inclinaciones al arrianismo, que, como hemos visto, cuestionaba la Trinidad y lo ponía fuera de la ortodoxia de la iglesia anglicana oficial. Incluso los amigos de Newton terminaron por considerar que Fatio no era un estudioso, sino una especie de aprovechado social, aunque tuviera una gran capacidad para seducir y ascender peldaños en la esfera social, colocándose cerca de los grandes.

Afortunadamente, Fatio no acudió a residir en la cercanía del científico inglés, que por fin decidió, mal que le pesara, poner fin a la relación. Pero comenzaron malos tiempos para él. De hecho, lo dejó registrado en una carta, que escribió a Locke: *El invierno pasado, durmiendo junto al fuego, empecé a cultivar un mal hábito en el sueño... de forma tal que cuando le escribí, hacía dos semanas que ya no dormía más de una hora cada noche y cinco noches una tras otra que no pegaba ojo.*

Según Michael White, nuestro autor de referencia para este anexo, varios motivos coinciden para producir en el científico una situación de «indisposición» o lo que fuera aquello en lo que se vio sumido y que tanto tiempo estuvo en boca de sus contemporáneos y continúa cultivando las especulaciones de sus biógrafos. Habría que empezar por hacer referencia a las consecuencias de su «aclamación académica», como escribe White, con respecto a los *Principia*. Newton podía preguntarse, con evidente justificación, si no había llegado a la cima de su carrera. Es posible que padeciera del síndrome que en nuestros días conocemos con la expresión socarrona pero acertada de «morir de éxito».

Por otra parte, sentía que había fracasado en su interés y voluntad por alcanzar algo parecido a una teoría unificadora en temas vinculados a la alquimia. Justamente en 1693, había escrito una colección de notas sobre alquimia a las que les dio el nombre de «Praxis». Para nuestro autor de referencia, esta obra es *poco más que una mezcla de delirio y falsas convicciones —el trabajo de un hombre al filo de la locura*. El libro fue finalmente dejado de lado luego de redactar los cinco primeros capítulos.

La relación con Fatio de Duillier no hizo sino empeorar las cosas. La separación, unida a sus investigaciones casi mesiánicas sobre la alquimia, pudo provocar esta reacción de Newton que White valora como casi una situación psicológica cercana a la psicosis, aunque fuera pasajera.

La vida profesional del sabio también habrá tenido su vinculación al desarreglo psíquico que experimentó en aquel año negro de 1693. Newton había paladeado los placeres de una vida política y un reconocimiento al margen de su labor en el Trinity, pero después de esta etapa más mundana, había vuelto al alejamiento social y a la soledad del profesor en Cambridge. Ya se ha apuntado aquí la posibilidad de que el científico hubiera sufrido un envenenamiento, por exposición a determinadas sustancias con las que trabajaba a menudo y cuyos efectos no estaban para nada controlados ni eran conocidos en el siglo XVII. Sin embargo, no presentaba ni uno de los síntomas que hubieran podido hacer pensar en una intoxicación con plomo o con mercurio. También se valoró el exceso de trabajo, como se ha comentado con anterioridad en este libro. Es posible que en aquel momento lo invadieran todas las consecuencias de un sobreesfuerzo intelectual casi continuo al que sometía a su mente y a su cuerpo.

Como conclusión, se podría decir que su enfermedad mental duró por espacio de cuatro o cinco meses y uno de los problemas que más distorsionaban su humor, la carrera profesional, parecía encauzarse por fin.

A dos pasos de tiempo y de distancia lo esperaba la tarea en la Casa de la Moneda, que como se ha dicho no fue de ninguna manera superficial ni falta de entrega. Newton, en esta nueva etapa de su vida, podrá probar que nunca realizaba ninguna empresa, fuera la que fuera, sin emplearse realmente a fondo.

Como escribe White:

Era consciente de haber dejado atrás lo mejor de su producción científica. Sabía que, llegado a ese punto, la formulación de una teoría unificada que pudiera explicar todas las fuerzas de la Naturaleza era, para él, un sueño imposible. Debía abandonar los fantasmas del pasado y, con ellos, el ambiente estancado de Cambridge.

ANEXO IV

NEWTON EN LA MIRADA DEL POETA Y PINTOR WILLIAM BLAKE, LA OTRA CARA DE LA CIENCIA

El lector se preguntará la razón de la inclusión de este anexo en la biografía de Sir Isaac Newton. En realidad podría decirse que el artista inglés da una visión completamente diferente del científico de Cambridge; crítica, heterodoxa, como toda su obra, como su vida, pero a la vez fascinante. *Newton*, de hecho, es uno de los cuadros más famosos de William Blake y uno de los más visitados en su pinacoteca virtual y real. Pero ¿quién era este artista, que pasó a veces desapercibido y más a menudo vilipendiado en su época, para ser reconocido como uno de los grandes talentos de la pintura inglesa a partir del siglo XX?

Para algunos críticos, como es el caso de Lorraine Lynch, Blake es uno de *los escritores más notables en lengua inglesa*. Su universo se pregunta por el papel de los dioses y del hombre en un mundo esclavizado por la técnica y el racionalismo. Igual que hacía Newton, buceando entre las páginas de las profecías y la Biblia o entre los alambiques y laboratorios de alquimia, cuando los hallazgos científicos de que era autor no alcanzaban a contestar todas sus preguntas.

Filósofos, pensadores, especialistas y el público en general, que lo admiran, no consiguen decodificar el arte de un pintor preocupado por la libertad, la condición humana y el futuro de la civilización.

William Blake formó parte de esa corriente a la vez conservadora y revolucionaria que indagó en nuevas vías para comprender el arte y la vida, que coincidió con cambios políticos y sociales profundos, que llamamos Romanticismo.

La Revolución Francesa, como ya hemos explicado aquí, representó el triunfo de la clase media. Durante el final del siglo XVIII y al comienzo del XIX, los artistas que se adhirieron al movimiento romántico comenzaron a protestar contra la cada vez más mecanizada sociedad que les tocaba vivir y el estilo convencional de la vida en esa época. También rechazaron las injusticias sociales y la tiranía política. Los artistas románticos intentaron evadirse en la Naturaleza y en la búsqueda de universos perdidos, lejos de lo cotidiano y lo predecible. La fantasía reemplazó a una realidad que no convencía y que no brindaba igualdad de oportunidades para todos. Los románticos se volvieron utópicos y la Revolución Francesa atrajo a personajes tan diversos como Blake, Coleridge, Beethoven o Wordsworth.

Napoleón se convirtió también en un símbolo de cambio y libertad, hasta que se coronó emperador y el sueño se derrumbó estrepitosamente.

También poetas como Shelley o Keats intentaron expresar emociones turbulentas y luchar contra el orden establecido que sobrevivía en el arte de los neoclásicos. Estos artistas señalaban que sólo conocemos una parte de la realidad a través de nuestros cinco sentidos, ya que nos preocupamos casi exclusivamente por intereses que únicamente tienen que ver con verdades materialistas y científicas. En lugar de eso, deberíamos aprender a creer en nuestros instintos, energía e imaginación.

En estas ideas se puede encontrar a la vez la fascinación y el rechazo que un artista como Blake puede sentir hacia el orden científico y vital que representa un sabio como Newton. O se debería corregir diciendo que *representa una parte de la personalidad de Newton*, ya que ahora sabemos que el profesor de Cambridge guardaba para sí y sus más allegados otros mundos donde buscaba tesoros y quimeras que la ciencia oficial no podía brindarle.

William Blake había nacido el 28 de noviembre de 1757, en Broad Street, en Londres. De sus hermanos, hubo uno con el que mantuvo un vínculo muy fuerte y especial hasta que murió prematuramente. Blake explicó que a la muerte de su hermano vio cómo su espíritu subía a los cielos y que mantenía conversaciones con él después de muerto. Efectivamente, el artista aseguraba hablar con ángeles y personajes de la Biblia, incluso con Dios, cuyo rostro pensaba haber visto en una ventana cuando tenía nueve años.

Desde el comienzo, Blake mostró auténtica pasión por el Arte, a la vez que una personalidad fuera de lo común y creativa. No siguió estudios convencionales, sino que su familia lo envió desde pequeño a estudiar dibujo y luego trabajó como grabador a las órdenes de James Basire.

En 1779 abandonó sus clases de aprendiz e ingresó en la Royal Academy, donde realizó trabajos de copia del natural y de la Antigüedad, aunque este tipo de dedicación no le gustaba porque no comprometía su capacidad de crear y su imaginación. Sin embargo, la tarea de copiar las tumbas de la Abadía de Westminster lo acercó a una gran variedad de estilos góticos de los que tomaría inspiración para su carrera.

En 1772 se casó con una mujer que no sabía leer ni escribir, pero él le enseñó no sólo a eso sino también nociones de dibujo. La pareja no tuvo hijos.

La primera obra impresa de Blake se llamó *Poetical Sketches* (1783) y es una colección de versos, imitando los modelos clásicos. Los poemas protestan contra la guerra, la tiranía y la forma en que el rey Jorge III manejó la situación de la independencia de las colonias americanas.

Blake era un inconformista que solía asociarse con otros inconformistas del momento como Thomas Paine y Mary Wollstonecraft. Trató de defender la imaginación sobre la razón y de atacar las convenciones clásicas del siglo XVIII, asegurando, todo lo contrario de lo que sostenía el paradigma científico de Isaac Newton, que las ideas se deben construir a partir no de observaciones sobre el entorno sino del interior del ser humano.

Blake declaró en uno de sus poemas una verdad insoslayable: *Debo crear un sistema o ser esclavizado por el de otros hombres*. Vivió toda su vida como un inconformista y su obra, en la que figuran *French revolution* (1791), *America, a prophecy* (1793), *Vision of the Daughters of Albion* (1793), y *Europe, a prophecy* (1794), es una muestra fehaciente de ello. Estas creaciones expresan a las claras su oposición a la monarquía inglesa y a la tiranía generalizada que, según él, teñía la vida en el siglo XVIII.

La tiranía teológica se manifiesta en el *Book of Urizen* (1794), y en *Marriage of Heaven and Hell* (1790-93) satiriza la opresiva autoridad de la Iglesia y el Estado. Se lamenta de la situación de los esclavos, de los explotados, de los oprimidos y de todas las formas de tiranía reales o imaginarias de las que un tiempo de cambios y convulsiones como el suyo lo hizo testigo.

En 1800 se fue a vivir a la ciudad costera de Felpham, donde residió y trabajó hasta 1803 bajo la protección de William Halley. Aprendió griego, latín, hebreo e italiano, para poder acceder a las obras clásicas en su idioma original.

En Felpham pasó por la experiencia espiritual que hizo posible su trabajo de madurez. *Milton* (1804-08), *Vala* o *The tour Zoas* (1797) y *Jerusalem* (1804-20) no tienen nada que ver con los criterios literarios tradicionales de argumento, ritmo o métrica. Se remontan a una nueva y más elevada forma de inocencia, enalteciendo el espíritu humano que triunfa sobre la razón.

Sus últimos años, que pasó pobremente, fueron custodiados por el cariño y la amistad de un grupo de jóvenes artistas que se llamaba a sí mismo «los antiguos».

En 1818 conoció a John Linnell, un artista joven que lo ayudó económicamente y le dio apoyo para retomar con interés su obra. Fue precisamente Linnell, quien, en 1825, le encargó las ilustraciones para la *Divina Comedia* de Dante, un ciclo de dibujos en los que Blake trabajó hasta su muerte en 1827. La obra de Alighieri parecía excepcionalmente ajustada al universo fantasmal e imaginativo de Blake. Un mundo que busca desesperadamente el orden individual y social, por caminos de una heterodoxia y una originalidad evidentes. De hecho, la *Divina Comedia* ha sufrido tantas interpretaciones como exégesis ha soportado y sigue siendo, a pesar de las lecturas que de ella se han hecho, uno de los libros más fascinantes y esotéricos que se han escrito.

Blake está considerado como un profeta ignorado en su época. Uno de los primeros poetas románticos, consideró la ciencia newtoniana como un sinsentido superficial y vacuo. Parece ser que el artista pensaba que el universo no puede ni debe matematizarse ni ser sometido a la garra inflexible de la razón y la ciencia.

Según algunos autores, sus ideas fueron secundadas por Swedenborg, Paracelso, Bohme y Lavater y se acercan bastante al primitivo romanticismo alemán.

Blake tenía algo del espíritu indomable de los profetas y los místicos. El cosmos se organizaba para él en una batalla que enfrentaba secularmente al Bien y al Mal.

La vida y la obra de Blake parecieron excesivamente extravagantes incluso para el período romántico, por lo que permaneció desconocido e infravalorado hasta que se publicó la biografía de Alexander Gilchrist en 1863.

Blake se oponía contra toda su fuerza creadora a la edad de la razón, e Isaac Newton era, al menos visto superficialmente, un representante de esta ideología. Su mundo fantástico era para él una realidad. A menudo daba a luz criaturas extrañas, como su propio cuadro de *Newton*, que está en la Tate Gallery de Londres, en el que le pinta como una aparición entre luminosa y secreta, a la vez que inquietante. La visión que tiene Blake de Newton difiere completamente de que la tenían sus contemporáneos. Es por esta razón por la que la incluimos aquí, por ser una opción realmente distinta de enfocar el universo, los descubrimientos y la significación e influencia posterior del científico de Cambridge. La opinión convencional que se tiene de Newton es la de un sabio inmortal y único por sus distintos hallazgos en óptica, la teoría de la gravedad y el paradigma del sistema solar.

Blake había preferido representar al matemático bajo la forma de Urizen, estableciendo la ley y con carácter frío y represor.

Blake concibe a Dios como un arquitecto y a Newton también lo representa como una especie de demiurgo con un compás, haciendo mediciones en el fondo de un mar poco tranquilizador y falto de luminosidad.

Sus ideas sobre Urizen se describen profusamente en muchos de sus poemas. El poeta-pintor ve a este personaje como *una sombra de horror* y hace referencia a la ciencia. Su retrato de Urizen en su cuadro de Newton representa el carácter demoníaco que tan bien describe en sus poemas. Urizen se dedica a medir y no a sentir, ni siquiera a imaginar. Y emplea métodos matemáticos para medir sus dominios, a la vez que se muestra confiado y arrogante.

La escenografía que imaginó para «Newton» es bastante mística. Presenta al científico en una postura forzada, casi volcada sobre sí misma, al margen de la realidad y sus circunstancias. Su obra de *Newton* se convirtió en uno de los cuatro cuadros que Thomas Butts le compró a Blake en septiembre de 1807 por el precio de una guinea cada uno.

Blake no toleraba bien los descubrimientos de la ciencia porque los consideraba *el triunfo del materialismo y por lo tanto erróneos.*

Hay tantas lecturas posibles de la obra de *Newton* y de Blake como pueda imaginarse el temperamento inquieto y fantasioso del espectador que busca encontrar en la obra del artista reminiscencias y ecos de su propio yo haciéndose preguntas.

Blake era también radical en política, no sólo en su propia vida, y utilizaba un gorro frigio como los revolucionarios franceses de 1789.

Sus trabajos más famosos son *Songs of innocence* y *Songs of experience*. En ambos casos combina poesía y arte, iluminando los textos con ilustraciones alusivas.

A pesar de sus intereses en apariencia contrarios a los del inefable Newton, los dos hombres desafiaron la evidencia y la ortodoxia de los fenómenos históricos y sociales que les tocó vivir. Y defendieron y enarbolaron con valentía y orgullo un modelo diferente del que los convencionalismos al uso habían preparado para el artista o el científico de la tan controvertida y discutida edad de la razón.

CONCLUSIONES

Es de esperar que este recorrido modesto por la biografía de un científico de la categoría de Isaac Newton haya podido aportar algo nuevo a la curiosidad del lector interesado.

Ha sido difícil elaborar una obra que fuese interesante y no reiterativa, tal es la cantidad de excelentes trabajos que se han publicado ya hace tiempo —y continúan publicándose— sobre el científico de Cambridge. Un maestro en el arte de la investigación y la lucubración científica, un ser humano solitario en búsqueda de la Verdad y de las causas últimas de las cosas.

Considerado por muchos como uno de los padres de la ciencia moderna, nuestro mundo hubiera sido muy distinto, de no haber contado con su descubrimiento de la gravitación universal, sus estudios sobre la luz y el color, la invención del cálculo infinitesimal y las leyes de la mecánica.

Sin embargo, no sólo consigue apasionarnos con la ciencia «oficial», sino también con la inquietud y dedicación que mostró por la Biblia y sus profecías, la religión, el dominio de varias lenguas y sus investigaciones alquímicas, que duraron muchos años. En efecto, Isaac Newton fue una especie de sabio total, continuando con las viejas aspiraciones de los eruditos del Renacimiento.

El profesor lucasiano nos demostró que el universo podía concebirse como había sido pensado hasta su época, pero también de una manera completamente diferente.

Nombrado caballero por la reina Ana, ésta no fue sino una de las distinciones y reconocimientos oficiales que recibió a lo largo de su vida.

Convertido en responsable de la Casa de la Moneda, donde persiguió con una dureza implacable el fraude y la estafa monetaria, representante universitario en el Parlamento, el científico que escribió los *Principia* y se volcó en sus tareas magistrales de artesano, es, sin duda alguna, un hombre para la historia.

Sentó las bases, junto con otros sabios de su tiempo, para permitir que en el siglo XVIII las ciencias, el arte y la política y la sociedad, discurrieran por otros derroteros.

Isaac Newton es además un producto típico de una época convulsa, de cambios. Si siguiéramos las teorías del antropólogo estructuralista francés Claude Lévi-Strauss, podríamos hacer una división entre lo que él llama «sociedades frías» y «sociedades calientes». Las sociedades calientes se definen, para este científico francés, por tener una inevitable vocación de transformación. Son sociedades que han asumido y se han apropiado de su historia, convirtiéndola en *el motor de su evolución*.

El siglo XVII, a pesar de ser tradicional, conservador y recordar en tantos aspectos el estancamiento vital que durante tanto tiempo anidó en la Edad Media, expresa como puede su voluntad de cambio. Sin embargo, la época de Newton y también la propia obra del científico son un intento de resumir y a la vez refundar el conocimiento y el saber de su tiempo.

El profesor Jan Assmann, de la Universidad de Heildelberg, explica que

el tiempo cultural no es tiempo medido sino interpretado y constituye una aleación de tiempo y sentido. El tiempo cultural es un constructo. Lo construyen cada sociedad y cada época a su manera. Las culturas no se desarrollan en el tiempo físico sino en tiempos culturales, esto es, en los tiempos que ellas interpretan y construyen y que de este modo producen realmente...

Isaac Newton constituye por sí solo todo un paradigma científico y es a la vez un crisol de futuro.

Del científico inglés podría escribirse, citando las palabras de una gran escritora exiliada para siempre de África, Karen Blixen, legendaria autora de *Memorias de África*: *¿Qué seré yo cuando deje de ser la persona que me creía? La respuesta más exacta a esa pregunta será: un ser humano, pura y simplemente un ser humano; o también: Tenemos fantasía. Inventamos cosas y donde quiera que estamos siempre ocurre algo.*

CRONOLOGÍA

1637 — René Descartes publica su *Discurso del Método*.
1642 — Muere Galileo Galilei y comienza la guerra civil en Inglaterra.
— Pascal da a conocer su máquina de calcular.
— Torricelli, su barómetro.
1643 — Fin de la Guerra de los Treinta Años.
1645 — Mueren René Descartes y Francisco de Quevedo.
1649 — Carlos I muere ejecutado y se proclama la República.
1651 — Aparece el *Leviatán* de Hobbes.
1660 — Restauración de Carlos II en el trono.
1664-1675 — Cálculo diferencial: Newton y Leibniz.
1665 — Muere el matemático francés Fermat.
1681 — Bossuet escribe el *Discurso sobre la Historia Universal*.
1682 — Halley observa el cometa.
1685 — Revocación por Luis XIV del Edicto de Nantes.
1688 — Gloriosa Revolución. Ascienden al trono María y Guillermo de Orange. Jaime II se exilia.
1690 — Locke publica su *Ensayo sobre el entendimiento humano*, que establece las bases del Empirismo.
1696 — Bernouilli: Cálculo de las variaciones.
1714 — Leibniz publica su *Monadología*.
1715 — Muere Luis XIV, el Rey Sol, en Versalles.
1716 — Muere Leibniz, el matemático y filósofo alemán.
1642 — Comienza la guerra civil inglesa, que finalizará en 1648, cuando nace Isaac Newton, el 25 de diciembre de 1642.
1644 — Se casa su madre por segunda vez y deja a Isaac al cuidado de unos familiares.

1653 — Muere el padrastro de Newton, Barnabas Smith, y su madre vuelve a casa con Isaac y los hijos de su segundo matrimonio.
1655 — A los 12 años, Isaac Newton ingresa en el instituto Grantham.
1659 — Su madre le pide que se haga cargo de la granja y deje los estudios.
1661 — Ingresa como becario en el Trinity College de Cambridge.
1664 — Cuando tiene 21 años, dan comienzos sus investigaciones sobre la luz.
1665 — Se convierte en licenciado en artes y comienza a trabajar en sus propias matemáticas.

— Londres soporta una epidemia de peste, que se propaga a otras ciudades. Newton vuelve al campo, a su casa solariega.

1666 — Newton realiza importantes descubrimientos sobre las leyes de la gravedad. El 2 de septiembre comienza el gran incendio de Londres.
Es su *annus mirabilis*.
1667 — Isaac Newton vuelve a la Universidad de Cambridge y posteriormente es elegido miembro de ella.
1669 — Es nombrado catedrático de matemáticas de Cambridge.
1670-1671 — Newton experimenta con su propio telescopio reflector.
1672 — Es nombrado miembro de la Royal Society.
1678 — Padece una enfermedad nerviosa.
1679 — Muere Hannah, su madre, a comienzos del verano.
1684 — Newton comienza a trabajar en sus *Principia Mathematica*.
1686 — Se leen algunos capítulos de su libro, en la Royal Society.
1687 — Se publican sus *Principia Mathematica*.
1689 — Es elegido para ser el representante de la Universidad de Cambridge en el Parlamento.

1693-1696 — Padece una enfermedad misteriosa, cuyas causas y orígenes difieren para los diferentes autores que se han ocupado de ella.
1696 — Se traslada a vivir a Londres y acepta un cargo importante en la Casa de la Moneda.
1699 — Una vez superada su enfermedad, es nombrado Director de la Casa de la Moneda, a los 57 años.
1703 — El 30 de noviembre es elegido Presidente de la Royal Society.
1704 — Se publica *Óptica*, con sus experimentos sobre la luz y el color.
1705 — La reina Ana lo nombra caballero y se convierte así en el primer científico que recibe este honor.
1727 — Muere con 84 años, el día 20 de marzo.

BIBLIOGRAFÍA

ALSINA, C.: *Los matemáticos no son gente seria*, 1.ª ed., Rubes Editorial, 1998.

BABINI, J.: *Historia sucinta de la matemática*, 3.ª ed., Espasa Calpe, 1969.

BERNAL, J.: *Historia social de la ciencia*, 5.ª ed., Ediciones Península, 1979.

BOYER, C.: *Historia de la matemática*, 1.ª ed., Alianza Editorial, 1986.

CARLAVILA, J. L.: *Historia de las matemáticas*, 1.ª ed., Junta de Comunidades de Castilla-La Mancha, 1988.

GUERRA, M.: *Diccionario enciclopédico de las sectas*, 2.ª ed., Biblioteca de Autores Cristianos, 1999.

MUÑOZ SANTONJA, J.: *Newton, el umbral de la ciencia moderna*, 1.ª ed., Nivola, 1999.

NEWTON, I.: *Principios matemáticos de la filosofía natural y su sistema del mundo*, 1.ª ed., Editora Nacional, 1982.

PETERSON, I.: *El reloj de Newton. Caos en el sistema solar*, 1.ª ed., Alianza Editorial, 1993.

RANKIN, W.: *Newton para principiantes*, 1.ª ed., Era Naciente, 2001.

RÍBNIKOV, K.: *Historia de las matemáticas.*, 1.ª ed., Editorial Mir Moscú, 1991.

STRATHERN, P.: *Newton y la gravedad*, 1.ª ed., Siglo Veintiuno Editores, 1999.

TEETER DOBBS, B.: *Isaac Newton, scienziato e alchimista. Il doppio volto del genio*, 1.ª ed., Mediterranee, 2002.

WESTFALL, R.: *Isaac Newton: una vida*, 2.ª ed., Cambridge University Press, 2000.

WHITE, M.: *Newton, l'ultimo mago*, 1.ª ed., Rizzoli, 2001.

WHITE, M.: *Isaac Newton. La historia del gran matemático que cambió nuestra concepción del universo*, 1.ª ed., Ediciones SM, 1991.

UN DATO DE INTERÉS

The Newton Institute for Mathematical Sciences es un centro de investigación internacional con una serie de programas para visitantes. A partir de 1992, el 300 aniversario del nacimiento de Newton, no tiene directamente vinculación con Newton, pero fue llamado de esta forma debido a sus grandes logros en el campo de las matemáticas, óptica, física y astronomía. El Instituto Newton continúa con su tradición de cruzar las fronteras entre disciplinas científicas.

Ofrece una lista de libros sobre Newton en su biblioteca.

La dirección en la Web es: http://www.newton.cam.uk/lib/newtbooks.htm.

ÍNDICE

Palabras preliminares 7
Introducción 9
    I. En una época de cambios 19
    II. La situación en Inglaterra 23
    III. Una familia peculiar 27
    IV. Un granjero que nunca lo fue 31
    V. Los estudios. Cambridge 33
    VI. La peste: un fecundo compás de espera 37
    VII. La cátedra lucasiana 43
    VIII. Antecesores y contemporáneos ilustres: amigos y enemigos 45
    IX. La fascinación de los cometas 55
    X. La ciencia en el siglo XVII 57
    XI. El empirismo 61
    XII. Conflictos de autoría y propiedad intelectual 63
    XIII. Los continuadores del análisis infinitesimal. 69
    XIV. Sin aliento 73
    XV. La Royal Society 75
    XVI. La fascinación por la luna 79
    XVII. Conocimiento y reconocimiento. Representante en el Parlamento 81
    XVIII La Casa de la Moneda 83
    XIX. Muerte de la madre y vínculos familiares ... 87
    XX. La religiosidad de Isaac Newton 89
    XXI. Química y alquimia. Los resplandores de la piedra filosofal 89
    XXII. El científico artesano 103

189

XXIII.	Los grandes hallazgos de Newton. Experimentando con el arco iris y el círculo giratorio	109
XXIV.	El círculo giratorio	113
XXV	Los *Principia mathematica*	115
XXVI.	El binomio del genio	127
XXVII.	El ocaso del cometa	129
XXVIII.	La vigencia de sus descubrimientos	139
XXIX	El siglo XVIII: La influencia de los hallazgos del siglo XVII	143
Anexo I.	La Revolución Industrial	151
Anexo II.	Una visión materialista de la ciencia y los hallazgos de la historia de las matemáticas. Matemáticas de las variables. Problemas de variaciones. Creación del álgebra moderna y la teoría	155
Anexo III.	Isaac Newton en crisis. Las circunstancias que pudieran haberlo llevado al borde del colapso...	167
Anexo IV.	Newton en la mirada del poeta y pintor William Blake, la otra cara de la ciencia	173
Conclusiones		179
Cronología		181
Bibliografía		185
Un dato de interés		187